本書で取り上げた釣り場について

　本書は熊日釣りタイム580号（2021年8月20日発行）から639号（2024年2月8日発行）までに連載した60カ所の釣り場を、熊本市・県央、大矢野・松島、姫戸・龍ケ岳、倉岳・栖本・有明、天草下島、八代、県南の7エリアに分けて収録しています。

　各釣り場のページには全て、無人航空機で撮影した写真を掲載し、釣魚や竿出しポイントなどを記しています。また、釣り場の表記は、地域の人たちや釣り人が日常的に使っている名称（通称）を用いています。

　2024年1月末までに取材した情報を基に作成していますので、当時の状況から、釣り場そのものの形状や、釣り場に行くまでのアクセス方法、駐車スペースの有無、釣り場への立ち入りなどが変わっている場合があります。ご注意ください。

楽しく釣りをするために

　「熊日釣りタイム」では、マナーを守る釣り人を応援します。釣りを愛する人同士がお互いに楽しめるだけでなく、釣り場の近くに住む地域住民からも温かく釣り人を迎え入れてもらいたいものです。

　ショアからのルアーフィッシングはアジやメバルの小型から、青物などの大物も狙えることから、多くのアングラーから人気を集めています。ただ、一方で釣り場でのトラブルも多く発生しているようです。

　まず釣り場に付いたら、先着者がいる場合は挨拶し、「ここで釣っていいですか」など、確認することが気持ちよく釣りを始める準備となります。絶対に無理な割り込みなどはしないでください。ほかの人とオマツリしないように、まずはルアーを思う方向にキャストする練習をして釣り場に行くなど他の人の邪魔にならないようにしましょう。

　地磯など満潮時に足元を洗うような低い瀬も少なくありません。また、ウェーダーを着用し入水して釣りをする場合、転倒やスタックは命にか

かわるため足場をしっかりと確認し安全に留意してください。

　釣行時には天候や潮汐をしっかり確認する必要があります。できるだけ単独での釣行は控え、安全対策を万全に、マナーをしっかり守って、釣りを楽しんでください。

① 迷惑駐車はしない。
② 近隣住民の迷惑になるような行為はしない（早朝や夜間に大声で話さない、車のエンジンや音楽などの大きな音を出さない、ドアの開閉には気を使う、など）。
③ キャストする際は必ず周囲の安全を確認する。
④ ライフジャケットは必ず着用し、履物も滑りにくく底が強いものを選ぶ。釣果を求めるあまり、足場の悪すぎる場所を選んだり、天候や潮汐を無視して釣り続けたりするなどの無理はしない。
⑤ 資源保護のために幼魚を釣り揚げたら放流する。必要以上に魚を持ち帰らない。
⑥ イカの墨跡などは洗い流し、自分のゴミは全て持ち帰るとともに釣り場の美化に努める。

凡例

掲載した釣り場の地図

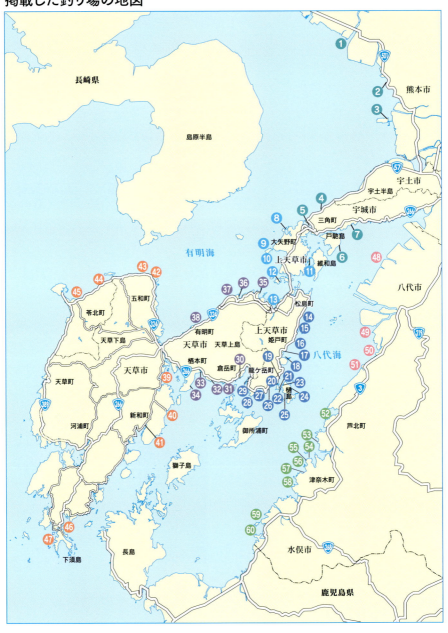

掲載順	場所	ページ
	熊本市・県央エリア	
1	菊池川河口	6
2	塩屋漁港	8
3	親水緑地広場	10
4	大田尾漁港	12
5	三角西港	14
6	若宮海水浴場横	16
7	郡浦漁港	18
	大矢野・松島エリア	
8	串のワンド	20
9	唐船島	22
10	野釜漁港	24
11	野牛島の地磯	26
12	樋合漁港新港横	28
13	倉江川(教良木川)河口	30
	姫戸・龍ケ岳エリア	
14	牟田漁港北の地磯	32
15	牟田トンネル横	34
16	永目港	36
17	小島公園	38
18	姫戸公園下	40
19	東風留泊地	42
20	グラウンド下の小港	44
21	和田の鼻	46
22	椚島の地磯	48
23	樋島港	50
24	外平海岸	52
25	下桶川漁港	54
26	小屋河内漁港	56
27	大道港	58
28	唐網代の波止	60
29	葛崎の小港	62
	倉岳・栖本・有明エリア	
30	棚底港	64
31	えびすビーチ	66
32	猪子田漁港	68
33	栖本漁港	70
34	白戸漁港	72
35	大浦港	74
36	須子漁港・地磯	76
37	赤崎港	78
38	小島子の小港	80
	天草下島エリア	
39	大宮地川河口	82
40	大多尾漁港	84
41	宮地浦湾	86
42	鬼池港	88
43	宮津漁港	90
44	通詞西波止	92
45	志岐漁港	94
46	天附の岸壁	96
47	米淵の小港	98
	八代エリア	
48	大鞘川河口	100
49	球磨川河口	102
50	日奈久IC前	104
51	二見川河口	106
	県南エリア	
52	松ケ崎のサーフ	108
53	鶴木山港	110
54	三ツ島海水浴場横	112
55	帆柱崎	114
56	小島鼻	116
57	平国漁港	118
58	福浜漁港	120
59	明神港	122
60	柳崎	124
■ショアで使うソルトルアー		126
■INDEX		134

1 菊池川河口

玉名市

菊池川河口全景

　県北地域を潤す一級河川、菊池川。川と海の小魚（ベイト）が混在する河口域では、それらを餌として捕食するシーバスなどのフィッシュイーターが居着いている。

A　通年、良型のシーバスが狙え、夏はチニングも面白い

B　ヒラメやマゴチをバイブレーションやワームで狙う

熊本市・県央エリア

シーバス、チニングが面白い

　岸には石積みの護岸が広がり、足場がよくて釣りやすい。潮位が下がると砂地が広がる。所々に障害物はあるものの基本的に川底は砂地なので、根掛かりも少なく攻めることができる。その時々のベイトを見極め、サイズに合わせたルアー選びが釣果につながる。

A　砂地

　砂と潟が混じり、ぬかるむ場所もあるので要注意。釣果はベイト次第だが、シーバスは通年狙うことができる。40〜50cmが平均サイズの中、まれに80cmを超える大型がヒットしてくることもある。夏場はチニングも面白く、40cmクラスが3、4匹釣れることも。ハゼも居着いており、ハゼクランクなどの小型のルアーで狙ってみるのも面白い。

B　石積みの護岸

　ヒラメが狙え、過去には80cmを超えるような大型も釣り上げられている。マゴチも40〜50cmと型がいい。バイブレーションや大きめのワームなどが有効。暑い時季になるとエイがよく掛かってくるようになるが、尻尾に毒がある危険な魚なので扱いには十分気を付けたい。水辺まで石積みとなっているため魚を取り込みやすいが、ランディングネットがあるとより確実だ。

ターゲット

シーバス、チヌ、マゴチ、ヒラメ、ハゼ、グチ

【ポイントへの行き方】
国道501号を熊本市方面から長洲方面へ。菊池川に架かる新大浜橋を渡り終え、鋭角に左折。突き当たりを左折し新大浜橋の下をくぐって少し進む。

2 塩屋漁港

熊本市西区

塩屋漁港全景

熊本市西区河内町にあり、アクセスしやすい。魚種は多く、気軽にルアーゲームを楽しめる。海底は潟だが、カキ殻などが散らばっており、根掛かりが多いので、釣り方に注意が必要。セイゴが人気で、昼夜問わずにルアーをキャストする人を見かける。

A セイゴがよく釣れる。ワームやプラグ系で狙う人が多い

B ハゼが居着いている。ジグヘッドにワームやハゼクランクで狙う

熊本市・県央エリア

竿出し場所を選ばない

　大きく分けると南と北の長い波止が釣り座だが、枝分かれするように小波止があちこちにある。波止の突端付近は少し深さはあるが、全体的に浅い。釣り座はゆったりと確保でき、どこから竿を出しても同じような釣果が期待できるので、風や波などを見て釣りやすそうな場所を選ぶといいだろう。常に濁りが入っているので、魚の警戒心も薄くて反応がいい。船着き場周辺では作業のじゃまにならないように注意する。

A　南波止突端

　20cm前後のセイゴが釣れ、ワームやプラグ系のルアーで狙う人をよく見かける。港内は餌が豊富なのかセイゴが数多く居着いており、5匹以上釣れることもよくある。たまに40cmほどの良型もヒットしてくる。セイゴを狙っていると他の魚もよく当たり、グチ、ヒラメ、マゴチなどもいる。カキ殻が多い所があるので、キャストしながら攻めやすいポイントを見つけていく。

B　岸壁

　底一帯にハゼが居着いている。夏終盤から秋いっぱいがハゼ釣りのシーズンで、大きいのでは22cmクラスが当たってくる。ハゼは餌釣りだけでなく、ルアーでも楽しめるターゲット。ジグヘッドにワームといったアジングやメバリングの要領でハゼの当たりも楽しめ、しっかりとワームを食いにくる。ハゼ専用ルアーのハゼクランクも最近は人気で、ゲーム性が高くて楽しい。

ターゲット

セイゴ、ヒラメ、マゴチ、グチ、ハゼ、シリヤケイカ、コウイカ

【ポイントへの行き方】
国道501号を玉名市方面に北上。百貫港を過ぎ、大きなカーブを曲がりきった先の埋立て地が塩屋漁港。

3 親水緑地広場

熊本市西区

親水緑地広場全景

　熊本港の北側にある親水緑地広場は手軽に竿を出すことができるポイント。護岸沿いには大きな木々があり、木陰で涼みながら楽しむことができる。緑のきれいな広場は休日には弁当持参で遊びに訪れる家族でにぎわう。

A　15〜22cmのハゼが数釣りできることも

B　ハゼの他、シーバスやキビレ、チヌが狙える

熊本市・県央エリア

はやりのハゼクランクで

　緑地広場沖の海底は潟地となっていて釣り物は限られるが、ちょっと立ち寄ってルアーをキャストすることができる。ハゼが多く、餌釣りでは30匹以上は珍しくない。ルアーで誘い出してみるとゲーム性があって面白い。また、最近はやりのハゼクランクで狙ってみるのもいい。

A　駐車場そば

　満潮時には海面が上昇して適当な足場がなく、逆に最干時には海水がなくなるという極端な釣り場。下げ潮に入ってから水位があるまでが狙い時。ハゼは小型のワームなどにも反応してくるので、小さめのルアーをいろいろと試してみるのもいい。15～22cmの数釣りができることもある。ハゼの時季は夏から秋いっぱい。所々にカキ殻や岩が転がっているので根掛かりがある。

B　東側

　ハゼのほかシーバスやキビレ、チヌがいる。シーバスは30cm前後が平均サイズで、ミノーなどにいい反応を見せる。キビレやチヌは型がよく、夏場はトップで反応してくるが、それ以外の時季はワームなどで底をねちねちと攻めて誘い出す。エイが掛かることもあるので、尻尾の毒針には要注意。グチなどが当たってくることもある。

ターゲット
ハゼ、チヌ、キビレ、シーバス、グチ

【ポイントへの行き方】
国道57号（通称・東バイパス）と国道3号の交差点（熊本市南区近見）から県道51号へ。そのまま直進し、熊本港大橋を渡り切って1つ目の信号がない交差点を右折。

4 大田尾漁港

宇城市三角町

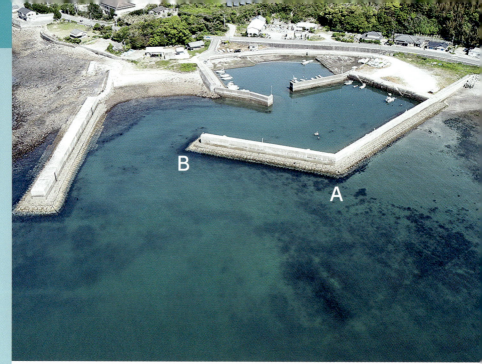

大田尾漁港全景

　三角西港の手前にあり、ルアーフィッシングのポイントとして人気がある。水深も釣りに程よく、海が澄んでいるときは底の様子が見えるほど。砂地と磯が交じるような海底で、砂を好む魚や岩場にすむ魚などが混在して面白い。

A　大きなミズイカに期待して、エギは大きめの3.5〜4号を使う人が多い

B　ガラカブを狙っている中にムラソイが交じる。夏場はチニングも面白い

熊本市・県央エリア

初夏に大型ミズイカ

　港の周囲は磯で囲まれ遠浅になっている。流れも穏やかで、気候がのどかな時季はのんびりと楽しめるが、北西の風をまともに受ける冬はお勧めできない。波止屈折部付近で竿を出す人が多い一方で、潮が引くと渡れる北波止も面白い場所。また、港周辺の地磯も根魚を含めさまざまな魚が居着いている。大きな港ではないが、竿出しポイントは多い。

A　波止屈折部

　春は場所によって藻が生えているので、状況を見て投げる方向を決めたい。ミズイカが産卵のため藻に寄り、5〜6月には3kgを超える特大サイズが上がった実績もある。キロ級は普通に狙える上、大型も期待できることから、エギは大きめの3.5〜4号を使う人が多い。波止の際や港内、磯周辺にはシーバスが居着いていることも。ミノーなどを主体に狙う。

B　波止突端

　足元の消波ブロックにはムラソイが居着く。ムラソイが釣れる港は少ないので狙ってみる価値は十分にある。ガラカブも多く、狙っている中にムラソイがヒットしてくることがある。ジグヘッド1gに2inほどのワームをセットし、消波ブロックの隙間を探るか、ちょい投げで。暑い時季はチヌも活発。40cmを超える良型が多く、50cm級も期待できるので、チニングでアタックしてみたい。

ターゲット

ミズイカ、コウイカ、ムラソイ、メバル、ガラカブ、シーバス、チヌ、マゴチ、ヒラメ

【ポイントへの行き方】
熊本市方面から国道57号を三角方面へ。宇土マリーナから約4.5kmの右手が大田尾漁港。

5 三角西港

宇城市三角町

三角西港全景

　レトロな建物が並ぶ世界文化遺産の港。天草の玄関口に位置し、熊本市中心部からもアクセスしやすいことから釣り人に人気が高い。一般の観光客でもにぎわい、活気あふれる観光地だ。釣りと兼ねて休憩や食事も楽しめる。

A 三之橋周辺　足元はゴロタが広がる。ガラカブにイカ、メバルやアジも楽しめる

B 二之橋周辺　海峡となっていて流れは速いが、大物が狙える

熊本市・県央エリア

ビギナーからベテランまで

　足場が良く対岸の大矢野島や中神島を眺めながら竿を出せる。トイレも数カ所あるので、家族連れでものんびりと釣りを楽しめる。ルアーで狙える釣り物は多く、季節に応じて魚種はさまざま。ガラカブやメバル、ミズイカ、コウイカなどはルアー入門としてもお勧めだ。シーバスやマダイ、ヒラメなどの大型魚の実績も高く、狙うターゲットに応じたタックル選びも大事になってくる。

A　三之橋周辺

　足元はゴロタが広がり、ガラカブの居着く好ポイント。ワームで足元を探ったり、ちょい投げしたりすると数釣りが楽しめる。小型が多いが、中には23㎝を超えるような良型も潜む。冬場のナイトゲームではメバルやアジ釣りがお勧め。同じくワームを基本に狙っていく。エギングも面白く、春にはキロ級のミズイカが上がることもある。コウイカを狙いたい時は底を重点的に攻める。

B　二之橋周辺

　10kgクラスの大型ブリが狙えるポイント。頻繁に釣れるわけではないが、ベイト次第では季節を問わず回遊が見られる。17㎝前後のミノーやペンシルが有効だ。岸からタイラバを投げ込んで60㎝を超えるような大型マダイが上がることもあれば、シーバスも70㎝超に期待大。海峡となっており流れが速いので、状況に応じて適したルアーのサイズ選びも大事になる。

ターゲット

メバル、ガラカブ、ヒラメ、ミズイカ、コウイカ、シーバス、ブリ、マダイ、アジ

【ポイントへの行き方】
国道57号沿いの世界遺産に指定されている港。看板もあり分かりやすい。

くまもとでルアーするバイ

6 若宮海水浴場横

宇城市三角町

若宮海水浴場の全景

　戸馳島（三角町）の若宮海水浴場は一面サーフだが、南側には小磯がありルアーゲームに最適。フラットフィッシュがメインターゲットで、シーバスやチヌ、マダイなどの実績もある。

A　暖かいシーズンに小型のメタルジグでキス。また大型ヒラメが上がることもある

B　シーバスやチヌも面白い。マダイやハモも大型が当たってくる

熊本市・県央エリア

砂地に潜むフラットフィッシュ

　サーフ周りは足場がよく釣りやすい。沖にかけてなだらかに深くなっており、先のほうは海底が一面砂地。ヒラメなどが居着く。磯回りは足場が悪いが、先は砂地になっている。

A　石積み

　暖かいシーズンに小型のメタルジグで狙うとキスがヒットしてくる。ルアーに反応するキスは型がよく、20㎝を超えるのが平均だ。底をじっくりと探っているとアタックしてきて、上手に釣る人は5、6匹。キスが多いことで、それらを餌にするヒラメやマゴチが育ち、どちらも50㎝前後と型がいい。バイブレーションにいい反応を見せ、70㎝を超える大型ヒラメが上がることもある。

B　小磯周り

　奥に進んでも所々大きな岩が転ぶ小磯が広がる。山を背にして北西の風を遮ってくれるので、安心して釣りを楽しめる。ヒラメやマゴチはもちろん、シーバスやチヌも面白い。チヌは夏場がハイシーズンで50㎝クラスも飛び出してくる。シーバスは80㎝を超える大型の実績もあり、どのターゲットもサイズが期待できる。マダイやハモも大型が当たってくる。

ターゲット

ヒラメ、マゴチ、キス、チヌ、シーバス、マダイ、ハモ、グチ

【ポイントへの行き方】
国道266号から三角町の戸馳大橋を渡り左方向へ。みすみフラワーアイランドの看板に従い進むと海水浴場へ到着する。

7 郡浦漁港

宇城市三角町

郡浦漁港全景

　海底は潟と砂が交じり、小魚を含めて生息する魚種は豊富。山を背にしているので冬場の北西の風に強く、あまり天候を気にせず釣りを楽しめる。海面が荒れることも少なく、ルアー入門にもってこいの釣り場だ。

A　ハゼなどの小魚が多いことで、それらを餌にする大型のフィッシュイーターも居着く

B　常夜灯があり、明かりの周りには夜になると30cm前後のセイゴやヒラが集まる

熊本市・県央エリア

ライトタックルで良型ハゼ

　釣り座によって狙えるターゲットは変わる。港内や波止などの足元にはハゼが多く、ハゼクランクや小型のメタルジグ、ワームなどで底を誘うとアタックしてくる。小型が多い中、22㎝ほどの良型がヒットすることも。ハゼは夏の終わりから秋いっぱいと時季が限定されるが、ライトタックルで気軽に楽しめるのでお勧め。どこを攻めても根掛かりがほとんどないのもうれしい。

A　長波止
　250mほどの長い波止が延びる。ハゼなどの小魚が多いことで、それらを餌にする大型のフィッシュイーターも居着く。マゴチ狙いも人気で、メタルジグや大きめのワームを使って底を引くように誘うと50㎝を超えるような良型もヒットしてくる。マゴチは通年狙えるようだが、特に夏場によく釣れる。ヒラメの実績もある。

B　船着き場
　周辺を泳ぐシーバスをよく見かける。大きいものでは60㎝ほどもある。ルアーを投げても反応がないことが多いが、ひとたびスイッチが入るとルアーを果敢に追ってくる。見かけたら攻めてみよう。常夜灯があり、夜になると明かりの周りには30㎝前後のセイゴやヒラが集まる。小型のワームで誘うと4、5匹釣れることもある。船やロープがあるので、注意しながら釣りを楽しみたい。

ターゲット
ハゼ、マゴチ、ヒラメ、シーバス、ヒラ、コウイカ

【ポイントへの行き方】
宇城市松橋町から国道266号を三角町方面へ進み、県道243号郡浦網田線と交わる交差点を左折。道なりに進み突き当たりを左折、その先の三叉路を右折して進むと見えてくる。

8 串のワンド

上天草市大矢野町

串のワンド全景

　大矢野町の串漁港から北に延びる岬にある地磯。大きくV字形に切れ込んだワンドの左右に磯が広がる。根魚が多いが大型青物の実績もあり、北風が強い時を除けば竿が出せる好ポイントだ。

A　ワンド内の流れは穏やか

B　岬までは距離があるが大型魚に期待が持てる

大矢野・松島エリア

根魚ほか大物にも期待

　ワンド内に潮の流れの強弱がしっかりと現れる。北風が強い冬場は釣りづらいこともあるが、西風だとBなら山を背にして安全に竿が出せる。ゴツゴツとした岩場はガラカブなどの根魚が居着く好環境。岬周辺には冬場、青物が回遊することがあり、ブリなどが釣れたという情報もある。一発大物狙いも面白い。

A　西側

　潮が引くと広々とした磯が姿を見せる。数多く居着くガラカブはワームで狙うと面白い。潮が動いている時に反応がよく当たりも頻繁。30㎝を超えるアコウも潜んでおり、強い引きが楽しめる。大きめのワームで攻めると良型の魚がヒットする可能性は高まるが、その分、根掛かりしやすくなるので要注意。仕掛けの予備は多めに持って行きたい。

B　東側

　岬周辺は潮流が効いていて、小魚を含めいろいろな魚が回遊する。冬にベイトが多い時はブリが寄ることもあり、過去には80㎝を超える大型が釣れたこともある。シーバスも回遊し、70㎝超がアタックしてくることも。強いタックルで挑みたい。磯には海藻が付着しており足元が滑りやすい。スパイクシューズを履き、安全な立ち位置を見つけて竿出しをしたい。

ターゲット

ガラカブ、アコウ、ブリ、シーバス、チヌ、コウイカ、ミズイカ、エソ

【ポイントへの行き方】
旧天草1号橋（天門橋）を渡り1つ目の信号を右折。山道を走り中田商店を過ぎて2つ目の四つ角を右折し串漁港へ。天草漁協串出張所先の駐車スペースを利用し、それから先は徒歩。山道を進み、上りきって右側へ下ると地磯が広がる。

9 唐船島

上天草市大矢野町

唐船島全景

　野釜島北側に位置する小島。潮位が下がると歩いて渡ることができる。潮の動きを把握し、渡るタイミングを考えたい。大潮回りは潮の流れが速く釣りづらいが、ワンドにベイトが溜まることがあるので狙いを絞りやすい。

A　シーバスが狙える。30〜40cmが主体の中80cm級が飛び出すことも

B　岩周りを狙うロックフィッシュゲームが面白い

大矢野・松島エリア 9

シーバスにロックフィッシュゲーム

　島を一周することができるので、その時の風向きや潮によって立ち位置を選べる。また、投げる方向によって水深、流れ、砂地や岩など底の様子も異なる。投げながら状況を把握したい。岸からなだらかに深くなっていくのでルアーでも攻めやすい。他の釣り場ではではなかなか見かけない「ムラソイ」が多く居着き、ガラカブと同じように狙っているとヒットしてくる。ムラソイは形はガラカブにそっくりだが、色が全体的に黒っぽい。

A　南側

　海底は砂地が多く、干潮時でもしっかりと水深がある。シーバスが狙え、30〜40㎝主体の中に80㎝級が飛び出すこともあるので油断できない。シーバスは特に秋がよく、コノシロなどの大きいベイトが接岸している時に大型が当たってくる。夏場のチニングもよく、浅い所で50㎝近い大型が当たってくることもある。

B　突端

　干潮時には目の前に岩が頭を出す。とても浅いが、岩周りを狙うロックフィッシュゲームが面白い。ガラカブは通年狙え、秋から冬にかけてはムラソイが活発になる。冬場はメバルも狙える。ターゲットに合わせてジグヘッドとワームの組み合わせで狙う。潮位などによって使い分けるので、ジグヘッドのサイズやワームのカラーなど数種類用意しておきたい。

ターゲット

ガラカブ、ムラソイ、メバル、シーバス、チヌ、マゴチ、ヒラメ、エソ

【ポイントへの行き方】
宇城市方面から、国道266号を道の駅上天草さんぱーるを右折して道なりに進む。野釜大橋を渡りすぐ右折。護岸を進んだビーチの沖の小島。

10 野釜漁港

上天草市大矢野町

野釜漁港全景

　野釜大橋でつながる野釜島は魚影の濃さで定評がある。野釜漁港のそばには海水浴場やキャンプ場もあり、釣りも含め家族で楽しむにはもってこいのポイントだ。

A 西波止　ベイト次第ではタチウオが狙える。エギングではミズイカやコウイカが狙える

B 東波止　沖波止の周りにシーバスが居着いている。アジの回遊も通年あり同時季にメバルも狙える

大矢野・松島エリア

根魚はいつでも手軽に狙える

　北西の風を遮るように背後に山がある漁港。潮の流れは複雑で、いろいろな魚が居着いている。足元はゴロタ石が多く根掛かりすることもあるが、根魚には格好の環境となっている。ガラカブをワームで狙う人をよく見かけ、まれに30㎝超のアコウもヒットしてくる。ジグヘッド1ｇ前後に2inほどのワームを使うのが定番。根魚は身を隠せるほどの水深があれば狙えるので、潮回りは関係なくいつでも楽しめる。

A　西波止

　湾曲した波止に石積みの波止が延びる。波止の付け根から突端まで、どこからでも竿を出すことができる。ベイト次第ではタチウオが接岸し、指3本幅が平均で3、4匹釣れることもある。早朝や夕まずめで実績が高い。エギングではミズイカやコウイカが狙え、ミズイカは外向き、コウイカは港の内外どちらの向きも狙える。ミズイカは春からキロ級も期待できる。

B　東波止

　石積みが足元から少しずつ深くなっている。沖波止の周りにはシーバスも居着き、平均40〜50㎝に70㎝超の実績もある。使用するルアーはミノーやシンキングペンシルなどいろいろ。アジの回遊も通年あり、暗いタイミングにワームで狙う。アジは秋から冬にかけて特によく、23㎝を超える良型も交じる。アジと同時季にはメバルも狙えるので、レンジや誘い方などで釣り分けるのも面白い。

ターゲット

タチウオ、ミズイカ、コウイカ、メバル、ガラカブ、アジ、シーバス、チヌ、アコウ

【ポイントへの行き方】
国道266号沿いの上天草物産館さんぱーるを右手に見て右折。市道を道なりに進み、鳩之釜漁港を経て野釜大橋を渡り、すぐに右折。橋の下を道なりに進むと野釜漁港。

11 野牛島の地磯

上天草市大矢野町

野牛島の地磯全景

　西大維橋と東大維橋に挟まれる野牛島。周辺には大小の島々があり流れに変化がある。西大維橋の付け根周辺に地磯があり、干潮時だけ姿を現すので竿を出すタイミングが絞られるが、磯の先には砂地が広がっており、根掛かりも少ない。

A　障害物にシーバスが居着く。夜釣りでの実績が高い

B　ヒラ、シーバス、チヌ、フラットフフィッシュが狙える

大矢野・松島エリア

シーバスの好ポイント

　満潮時に磯は見えないが、ウエーディングで膝まで浸かってルアーをキャストする姿を見かける。秋から冬にかけてはシーバスの好期となり、80㎝を超えるような大型が出ることでも知られる。特にコノシロの群れが入っている時がよく、連発を楽しめることも。一帯は浅いので、シーバスを狙う際はミノーなどをメインに使って表層付近を誘うようにしたい。シーバスはベイト次第で通年楽しむことができる。

A　北側

　かけ上がりなどの障害物付近にシーバスが付く。日中も狙えるが、夜釣りでの釣果が圧倒的に多い。ベイトはコノシロ以外にハダラやイワシゴなどいろいろ。何かしら小魚が群れているとシーバスのヒット率が上がる。夏場のチニングも面白く、40㎝超が果敢にアタックしてくる。海面まで近いので魚を取り込みやすいのがいい。

B　南側

　西大維橋の橋脚周りには夜になるとヒラが多く寄り、磯からその方向にキャストすると当たってくる。橋脚周りにはシーバスが居着いていることもあるので、強めのタックルで挑みたい。また、周辺にはキスが多く、それを捕食するヒラメやマゴチが居着いている。ヒラメなどを狙う際はしっかりとボトムを攻められるようなルアーで挑むようにしたい。

ターゲット

シーバス、チヌ、マゴチ、ヒラメ、ヒラ

【ポイントへの行き方】
国道226号を大矢野方面へ。上天草市役所を過ぎて２つ目の信号を左折し、県道107号満越城本線を道なりに進む。上天草高校を過ぎ、１つ目の三差路（信号なし）を左折。西大維橋を渡り橋の付け根の左側の地磯。

12 樋合漁港新港横

上天草市松島町

樋合漁港新港横全景

　普段から多くの釣り人でにぎわう樋合漁港新港。波止付け根横には地磯が広がり、いろいろな魚が回遊してくる人気のポイントだ。

A　冬のメバルが面白い。根魚もいい

B　コノシロが接岸すると良型のシーバスが狙える

大矢野・松島エリア

狙える魚種さまざま

　潮が引くと磯に下りられるようになり、歩いて広々と竿を出せる。狙う方向によっては砂地もあるが、所々沈み瀬がある。障害物周りに魚が寄り付いているので、根掛かりに気を付けて、底からしっかりと攻めてみたい。魚種は大小さまざまなので、ルアーの種類は多く用意を。また磯場は滑りやすいので、磯靴やウエーダーなど、装備をしっかりして挑みたい。

A　波止付け根前

　目の前に養殖棚があるのでルアーをキャストする際は注意が必要。冬場のメバルが面白く、数は少ないが、1発大物に期待が持てる。メバルは夜釣りがよく、ワームやプラグで狙う。夜間は良型アジも期待できる。常夜灯周りに集まっていることが多く、単発で当たってくる。ボトムを狙うと根魚も。小型のガラカブが次々とヒットしてくるが、良型に期待したい。まれにアコウが交じる。

B　南側

　秋にコノシロが群れで接岸するようになると、シーバスが面白くなってくる。70cmを超える良型がコンスタントに上がることがある。90cmを超すランカーサイズの実績もあるので期待したい。また、暖かい時季のチニングも面白い。40cm前後が平均で、50cmクラスも飛び出す。沖目を狙うとマダイが食ってくることもあり、いろいろな当たりを期待しながら竿が出せる。

ターゲット

メバル、アジ、チヌ、シーバス、ガラカブ、アコウ、マダイ、マゴチ、ヒラメ

【ポイントへの行き方】
上天草市の国道226号を走り、天草2号橋と3号橋の間の永浦島交差点を西へ入り、道なりに進むと樋合島。島へ入ったらすぐに左折し進んだ広い港の突き当たり。

13 倉江川（教良木川）河口

上天草市松島町

倉江川（教良木川）河口全景

　知十ICを有明町方面に走りすぎてすぐの知十橋周辺がポイント。川幅があり、両岸から竿を出すことができる。ただし車の往来が多いので、安全に竿を出せる場所から狙いたい。橋脚周りには大型のシーバスが居着くこともある。

A　シーバスは40〜50cmがアベレージ。根掛かりは少ない

B　チヌは甲殻系のルアーで護岸を広く探る

大矢野・松島エリア

チヌやシーバスの好ポイント

　橋の上下流いずれも、所々に車を止められるスペースがあるので、気になる場所で竿を出してみたい。狙える範囲は広く、下流側は海（ワンド）までの両岸、上流側は自動車専用道路下が狙い目。チニングが人気で、川に差し込んでくるチヌが狙える。40cm超がほとんどの中、50cmを超える大型も。シーバスはベイト次第では群れが入ることもあり、昼夜ともに狙うことができる。

A　自動車専用道路下

　満潮時でもそこまで深さはなく釣りやすい。足場もいいが、キャスト時は周囲の安全を確認すること。底は砂地で根掛かりはあまりない。しっかりと底からルアーをアピールすることができる。シーバスは40〜50cmが平均の中、80cmクラスが飛び出すことも。大型は秋〜冬にかけてよく釣れる傾向だ。ルアーの種類は豊富に用意して様子を見たい。

B　道路横の護岸

　歩きながら護岸を広く探る。干潮時はとても浅くなるが、チヌは浅瀬を回遊していることが多いため問題ない。カニなども多く生息しており、甲殻類系のワームで底を探るとアタックしてくる。岸壁の足場はいいものの、干潮時は海面までやや距離があるので、ランディングネットと長めのタモを用意しておきたい。マゴチやヒラメなどがヒットしてくることもある。

ターゲット
チヌ、シーバス、マゴチ、ヒラメ

【ポイントへの行き方】
松島有料道路知十ICから国道324号を有明町方面へ少し進んで知十橋が架かる河川。教良木川とも呼ばれる。

14 牟田漁港北の地磯

牟田漁港北の地磯全景

上天草市姫戸町

　国道266号沿いにあり、牟田漁港の北側、ガソリンスタンドの前に広がる地磯。潮が引いた時に磯が出るのでタイミングを計って釣行したい。沖にかけてなだらかに深くなっており、底は砂地だが、所々に岩が点在する。

A　足元にはガラカブが居着くが、根掛かりが多い

B　夏場のチニングが面白い。トップウォータープラグで表層を引き大型を釣り上げたい

姫戸・龍ケ岳エリア

藻に寄り付く豊富なターゲット

　春先には沖に藻が生え、いろいろな魚が寄り付くため、ターゲットは豊富。ただし、根掛かりしやすいのでルアーのロストには注意が必要だ。海面まで近いので魚を取り込みやすく、抜き上げも可能だが、シーバスやヒラメなど大型がヒットしてくることもあるのでランディングネットやタモの用意はしておきたい。

A　突端

　足元にはガラカブが居着く。根掛かりが多いので、軽めのジグヘッドに小型のワームで誘いたい。20cm近い良型もよく掛かり、たまにアイナメもヒットしてくる。ヒラメやマゴチはメタルジグやバイブレーション、ワームなどが効果的。しっかりと底を取ってから誘うようにしたい。夏場はキスが活発になり、小型のメタルジグを遠投してゆっくり誘うと23cm超の良型もヒットしてくる。

B　ワンド

　夏場のチニングが面白い。トップウォータープラグで表層を引き、大型を釣り上げたい。ワンドは浅いため、チヌがいればしっかりとアピールでき、果敢にルアーを追ってくる。ベイト次第では群れで回遊していることもあり、数釣りを楽しめることもある。シーバスもベイト次第だが、40〜50cmが多い中に70cmを超えるような大型が釣れることも。岬からワンドまで広く探りたい。

ターゲット

シーバス、チヌ、ヒラメ、マゴチ、キス、グチ、エソ、ガラカブ、アイナメ

【ポイントへの行き方】
国道266号を南下し、松島町阿村方面へ。干切漁港を経て海岸線を進むと右側にガソリンスタンドが見える。その少し手前の右側のスペースに車を止めて護岸にある階段を下りる。

15 牟田トンネル横

牟田トンネル横全景

上天草市姫戸町

　上天草市姫戸町の牟田トンネルを南へ通り抜けるとすぐ左に見える地磯。流れは穏やかで、ゆっくりとサーフに波が当たる。広い駐車スペースもあり、磯には簡単に下りてエントリーできる。チヌをメインとしたルアーのターゲットも豊富だ。

A　チヌは夏場はトップ、水温が下がればボトムを狙う

B　キスのポイント。ヒラメやマゴチも居着く

姫戸・龍ケ岳エリア 15

チニングで50cm級が狙える

　潮位が高い時も磯は沈まず、磯の突端に立つとどの方向へもルアーをキャストできる。沖に向けてなだらかに深くなっており、海底は砂地なので根掛かりの心配はなく、安心して攻めることができる。チニングが定番で、狙い方によってはオールシーズン楽しめるが、夏場は浅瀬を回遊しているのでポッパーなどで誘い出して食わせる。チヌは50cm級の大型もアタックしてくる。

A　磯

　海水に濡れている所は滑りやすいので注意。夏場のチヌはトップウォータープラグへの反応がよく、追ってくる姿からヒットシーンまで見て楽しむことができる。ルアーに反応するチヌは型がよく、基本的には40cmを超える。水温が下がると深場にいることが多く、ワームなどを沈めて、底をねちねちと誘う。

B　サーフ

　春〜秋にかけてはキスが多く、小型のメタルジグを投げると反応してくる。反応が薄い時はブレードをセットするなどアプローチを変えてみるのも手。キスが多いことでそれらを餌にするヒラメやマゴチも居着き、40cmを超える良型がいる。バイブレーションやワームなどで底を中心に誘ってみると面白い。イワシゴなど小型のベイトが接岸している時にはシーバスも狙える。

ターゲット
チヌ、シーバス、キス、ヒラメ、マゴチ、コウイカ

【ポイントへの行き方】
松島町方面から国道266号を南下し、牟田の集落を通り過ぎ、牟田トンネルを抜けて80mほど進み鋭角に左折する。

16 永目港

永目港全景

上天草市姫戸町

　通り過ぎる人の多い、こじんまりとした港だが、餌釣り、ルアーともにターゲットが多い。釣り人が少ないので、周りをさほど気にせずにルアーをキャストすることができる。

A　東波止　消波ブロックからの竿出しは、くれぐれも足元に注意を

B　西波止　付け根付近はガラカブ、屈折部から突端ではヒラメやマゴチが狙える

姫戸・龍ケ岳エリア 16

ガラカブの定番ポイント

　波止の足元はゴロタ石が多く、ガラカブは定番中の定番。小型だが、数が多いので当たりを楽しめ、20cm近い良型も交じる。ベラも多く、強い引きを見せる。

　寒い時季にはアジやメバルもよく、小型のワームで暗い時間帯に狙うとサイズも出る。エギンガーもよく見かけ、港内ではコウイカ、外向きにエギを投げるとミズイカが狙える。

　スズキ、ヒラメ、マゴチなどの大型魚もいるので、初心者から上級者まで楽しみ方はいろいろだ。

A　東波止

　ナイトアジングは、潮やベイトによって通年狙える。秋から冬にかけて脂がのり、体高のある良型のアジが釣れる。波止突端がよく、ジグヘッドとワームの組み合わせで攻める。メバルも仕掛けは同じで、12月あたりから春先までいい。22cmを超える良型が飛び出すこともある。

B　西波止

　付け根付近にガラカブが特に多く、屈折部から突端の白灯台にかけては外向きでヒラメやマゴチが狙える。大きめのワームやバイブレーションがよく、どちらも50cm超の良型が釣れることも。沖の堤防周りにはシーバスも居着いており、ミノーを中心に狙うと40〜50cmが当たってくる。エギングはどこからでも楽しめ、良型のミズイカやコウイカ、キロ級のモンゴウイカが当たってくることもある。

ターゲット

ガラカブ、メバル、アジ、ミズイカ、コウイカ、モンゴウイカ、ヒラメ、マゴチ、シーバス

【ポイントへの行き方】
上天草市松島町から国道266号を南下。牟田トンネルを佛道鼻のカーブを抜け進んだ最初の広い港。永目神社、大アコウの木が目印。

17 小島公園

上天草市姫戸町

小島公園全景

　砂浜の海水浴場では暑い時季に膝まで浸かって釣りを楽しむ人の姿を見かける。立ち寄りやすく、のんびりとした釣り場だ。突き出た岬の周辺は流れが効いており、いろいろな魚が回遊している。予期せぬ大物が当たってくることもあるので油断ならない。

A　ガラカブは足元を狙う。アジの回遊もある

B　タチウオが面白い。夏はチニングも楽しめ、スズキも居着く

姫戸・龍ケ岳エリア

竿出しはどこからでも

　島一周どこからでも竿を出せるので、その時の風や波によって立ち位置を考えるといいだろう。岩周りにはガラカブが多く居着いており、小型のワームで狙うと果敢にアタックしてくる。ガラカブは小型が多いが、数当たってくるので楽しい。たまにアコウもヒットしてくる。朝夕の薄暗いタイミングにはタチウオも接岸するので、ワインドをメインに狙ってみる。指3本幅が平均サイズだが、まれに4本幅の良型がヒットしてくる。

A　北側

　程よい凹凸の磯で、竿を出しやすい。足元が濡れていると滑りやすいので、磯靴を履きたい。沖の方は砂地になっているので、ガラカブを狙うなら足元を攻める。ベイトの条件や潮などのタイミングが合えばアジが回遊してくることもある。北西の風を受ける立ち位置となるので、強い波が当たるところではないが、注意が必要。

B　突端

　切り立った形状の磯で足元が不安定なため、万全の装備で安全に竿を出したい。通年タチウオの接岸が見られるが、中でも面白いのは秋。朝夕の短い時間帯で5、6匹釣る人もいる。沖にかけてなだらかに深くなっており、暖かい時季のチニングも面白い。ルアーで釣れるのは35cm超ばかりとサイズがいい。良型のシーバスが居着いていることもある。

ターゲット

タチウオ、シーバス、チヌ、マダイ、ガラカブ、アコウ、アジ、マゴチ、ヒラメ

【ポイントへの行き方】
天草5号橋を渡り、松島町阿村方面へ。国道266号を南下し、姫戸第三トンネル手前の「小島公園キャンプ場」の案内標識から左折。200mほど先の「小島公園」の案内板から左折する。

18 姫戸公園下

上天草市姫戸町

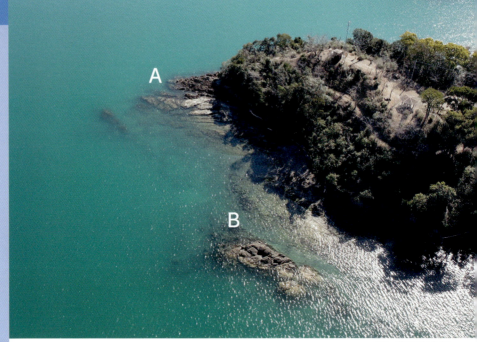

姫戸公園下全景

　姫戸公園は湾を一望できる高台にある。そこから海岸に下りてみると、いかにも釣れそうな雰囲気の磯が広がっている。ルアーはもちろんだが餌釣りも人気がある。

A　エギングランガンの好ポイント

B　大型のシーバスも居着く

姫戸・龍ケ岳エリア

磯の雰囲気を満喫

　干潮時には磯が広く姿を見せ、歩きながらルアーを投げることができる。先に投げても比較的浅く、流れも穏やかなことが多くて釣りやすい。所々岩があるが、砂地が広がり、底を狙っても根掛かりは少ない。

A　東側

　階段を十数秒下りると東側の磯に出る。エギングのランガンでちょっと立ち寄るにもいいポイントだ。よく釣れるのはコウイカ。底を重点的に探ると300〜400gサイズも上がる。たまにミズイカも良型がヒットしてくる。ヒラメやマゴチを狙うときはしっかりと遠投したい。磯は滑りやすいので、磯靴などの装備は万全に。

B　北側

　少し離れたところに小磯があり、その周辺にはガラカブが多く居着く。小型のジグヘッドとワームで狙う。あちこちに潜んでいるので、広い範囲を探るのが型を出すコツ。シーバスは40〜50cmがアベレージサイズだが、ベイト次第では80cmを超える大物も。それなりのタックルで挑みたい。夏場のチニングも面白く、浅場から50cm級の大型が飛び出してくることもある。

ターゲット

コウイカ、ミズイカ、ガラカブ、メバル、マゴチ、ヒラメ、チヌ、シーバス

【ポイントへの行き方】
大矢野方面から天草5号橋を渡り、国道266号を姫戸方面へ。姫戸第2トンネルをくぐり、姫戸小学校先の1つ目の交差点を左折。道なりに進み姫戸公園へ。徒歩で磯へ下る。

19 東風留泊地

上天草市龍ケ岳町

東風留泊地全景

　樋島へ渡る前にある湾曲した小さな港で、長く延びた波止が特徴。足場がよくて釣りやすく、ルアーだけでなく餌釣りも人気がある。アジゴなどの小魚が多く、それを捕食する大型魚も居着き、ルアーをキャストするたびに期待も膨らむ。

A　波止の内向き、外向きいずれもエギングが面白い

B　季節により、タチウオやヒラメ、マゴチが楽しめる

姫戸・龍ケ岳エリア

イカ、良型魚に期待

　目の前には椚島、坊主島、樋島が並び、潮の流れも複雑だが、波止の周りは比較的穏やか。南や北からの風をまともに受けるので、天気次第では釣りづらいことがある。船着き場周りは浅く、大型魚こそ入ってこないが、ガラカブやメバル、コウイカの釣果が期待できる。周囲は砂地が広がり、ヒラメやマゴチが居着くようだ。50cmを超える良型も釣れるので狙ってみる価値は十分にある。

A　波止中間部

　波止の内向き、外向きどちらでもエギングが面白い。ミズイカやコウイカ、暖かくなる時季にはモンゴウイカも回ってくる。ミズイカは500g前後がアベレージ。カマスが群れで接岸することもあり、40cmほどの良型も交じって10匹以上は望める。底周辺を回遊してくるので、メタルジグなど重めのルアーで探ってみるとよい。

B　波止突端

　9〜10月のタチウオ釣りが人気。ベイト次第ではあるが、朝や夕方に狙うと高確率でヒットする。大きくて指4本半幅が釣れ、手応えも十分だ。ワインド釣法でジグヘッド10〜14gに4〜5inと大きめのワームをセットする。ヒラメ、マゴチを狙う際はワームを沈めたり、メタルジグやバイブレーションを使ったりしても効果的だ。時にはマダイが回ってくることもあり、良型期待のルアーゲームが楽しめる。

ターゲット

タチウオ、ミズイカ、コウイカ、メバル、ガラカブ、アジ、マゴチ、ヒラメ、マダイ、カマス

> 【ポイントへの行き方】
> 天草上島の国道266号を南下する。下貫漁港を経て650mほどで旧国道に左折。およそ300m進むと東風留泊地。道が狭い箇所があるので注意。

20 グラウンド下の小港

上天草市龍ケ岳町

グラウンド下の小港全景

　樋島に渡る手前の椚島にある小港。屈折する波止が人気だが、短波止や地磯周りでも竿を出す人をよく見かける。狙える魚種は多く、これからルアーを始めたいという初心者にもお勧めしたい釣り場だ。

A　南や西側のどちらも攻めることができる

B　足元はゴロタ石で、ガラカブやアコウが居着いている

姫戸・龍ケ岳エリア

魚種多く、初心者にもお勧め

　周辺には大小の島々があり複雑な潮流が起きることもあるが、見た目よりも意外と穏やかで釣りやすい。海底は先の方まで砂地となっており、根掛かりの心配がなく、メタルジグやワームなどの底を攻める釣りにも向いている。沖は深さもあり、マダイを含めいろいろな魚種が回ってくる。ヒラメやマゴチなど砂物のターゲットは大型が上がることもあるので期待したい。

A　波止屈折部
　南や西側のどちらも攻めることができる屈折付近は人気の釣り座。ベイト次第だが、朝夕の薄暗いタイミングにはタチウオも接岸し、指4本幅が出ることもある。マゴチやヒラメは底を重点的に狙えるルアーで、底をぞろ引くような誘い方も可能。沖の流れの中にはマダイがいることもあるので、いろいろな魚種を意識したタックルやルアーを用意したい。

B　波止突端
　先は砂地だが足元はゴロタ石で、ガラカブやアコウが居着いている。ワームや小型のメタルジグなどで誘うと、小型の数釣りの中に、良型が飛び出す。アジやメバルはワームで狙うと面白いが、常夜灯がないので暗い時はヘッドライトなどを用意して安全に楽しみたい。ほかにもエギングやチニングなどさまざまな釣り方を楽しめる。

ターゲット
タチウオ、ミズイカ、コウイカ、メバル、ガラカブ、アジ、シーバス、チヌ、アコウ、マゴチ、マダイ

【ポイントへの行き方】
上天草市姫戸町から国道266号を南下。旧国道の龍ケ岳中学校前の交差点を樋島方面に左折する。椚島に入ったらすぐに鋭角に右折する。

21 和田の鼻

上天草市龍ケ岳町

和田の鼻全景

　樋島に渡る手前にある地磯で、普段から釣り人は少なく穴場的な釣り場といえる。海峡に位置するため流れが効いており、いろいろな魚が狙える。

A　ムラソイやガラカブが居着く

B　ミズイカ、コウイカともに通年狙える。シーバス、チヌも面白い

姫戸・龍ケ岳エリア

大型マダイもヒット

　春先には磯に青のりが着くので、足の置き場には注意が必要だ。シーバスやチヌなど大型魚の当たりが楽しめ、たまに大型マダイがヒットしてくることもあるので期待したい。

A　北側

　熊本では珍しいムラソイが居着く。しかも数が多く、20cmを超える良型までヒットしてくるから面白い。小型のジグヘッドとワームを使い、足元の磯の隙間を探る。併せてガラカブもヒットし、それぞれ違った引きを楽しめるのがいい。良型を持ち帰るようにし、小型はリリースを。根掛かりが多いので、仕掛けの予備は多く用意しておきたい。

B　ワンド

　ワンド内は少し流れが落ち着き、エギングを楽しめる。ミズイカ、コウイカともに通年狙え、ミズイカは1kg近い良型がヒットしてくることもある。シーバスも通年狙えるが、接岸するのはベイト次第なので海の様子を把握してから狙いたい。夏場のチニングも面白く、40cmクラスが平均の中、50cmを超えるようなビッグサイズまでアタックしてくる。

ターゲット

ムラソイ、ガラカブ、チヌ、シーバス、マダイ、タチウオ、ヒラメ、マゴチ、ミズイカ、コウイカ

【ポイントへの行き方】
国道266号を姫戸方面へ。龍ケ岳町に入り、左側にある樋島の看板を左折。高戸海水浴場へ入り突き当たりまで進む。

22 椚島(くぐ)の地磯

上天草市龍ケ岳町

椚島の地磯全景

樋島へ渡る手前の島。山頂にはグラウンドがあり、見晴らしがよく、ふもとには港がある。波止の付け根にある階段で磯へ下りることができ、餌釣りやルアーなどいろいろな釣りが楽しめる。

A　ワームで沖の方から足元まで探るとガラカブが数当たってくる。エギングも面白い

B　チヌやシーバスは歩きながらいろいろな方向を探り、居着く場所を見つける

48

姫戸・龍ケ岳エリア

チヌ、シーバスに期待

　磯の突端に見えるヌルギ崎までは1kmほどあり、歩いていくと約30分かかる。突端まで行かなくても、手前の岬やワンド周辺でいろいろな魚がアタックしてくる。夏場のチニングが定番で、40cm級が普通に上がり、50cm超までもヒットしてくる。タイミング次第では、数当たってくるのも面白い。シーバスも大型が居着いているので、両ターゲットに期待してルアーをキャストしたい。

A　ワンド

　岩が転がり歩きづらいが、ガラカブが居着く好条件となっている。ワームで沖から足元まで探ると、23cmを超える良型がヒットしてくる。足元ではムラソイもアタックしてくる。エギンガーにも人気で、コウイカとミズイカが狙える。ミズイカは春から梅雨時季にかけてキロ級も釣れる。

B　岬

　大きめのルアーで沖の深みを狙うとマダイが当たってくることがある。30cmクラスが多い中、まれに60cmを超える大型の実績もある。朝まずめにベイトなどの条件が重なるとタチウオも接岸し、指3〜4本幅が釣れることもある。チヌやシーバスは歩きながら、いろいろな方向を探って居着いているポイントを見つけていく感じ。ターゲットが多いのでルアーは豊富に用意しておきたい。

ターゲット

チヌ、シーバス、ガラカブ、ムラソイ、ミズイカ、コウイカ、タチウオ、マダイ、ヤズ

【ポイントへの行き方】
国道266号を龍ケ岳町方面へ。左側にある樋島の看板を左折。道なりに進み、高戸地区の龍ケ岳小中学校を左折。200mほど先にある小さい橋を渡り、すぐに右折して進むと小港が見えてくる。外波止の付け根にある階段を下りる。

23 樋島港

上天草市龍ケ岳町

樋島港全景

　樋島は1972（昭和47）年に樋島大橋が開通し人や車の往来が増えたが、今でも島らしい濃い魚影で釣り人に人気がある。島の西にある樋島港は魚の種類が多く、ルアーや餌釣りと楽しみ方はいろいろ。港は広く、釣り座もゆったりと選べる。

A　タチウオにヒラメ、アコウ。エギングでのイカにも期待できる

B　ライトゲームでガラカブやメバルが楽しめる。居着きのシーバスも

姫戸・龍ケ岳エリア 23

ライトゲームが面白い

　長波止の突端に行くにつれて流れが速くなり、特に大潮回りには釣りづらいこともある。波止の付け根や岸壁周辺は流れが穏やかで、小型ルアーを使ったライトゲームを楽しむことができる。桟橋周りにいくつか外灯があるが、夜は竿出し箇所が絞られるので昼間がメイン。時季に応じて、いろいろなターゲットを狙える。イワシゴなどの小魚が多く、大型魚のナブラが突然始まることもある。

A　長波止突端

　ベイトや潮、時間帯によってタチウオが接岸。ワームで狙うのが効果的で、夜明け前後や夕方での実績が高く、指4本幅交じりで5〜6匹が短時間で釣れることもある。50cm超のヒラメ、30cm級のアコウも釣れ、タチウオと同じくワームで狙うのが定石。エギンガーもよく見かけ、ミズイカとコウイカのどちらも良型が期待できる。

B　定期船待合所前

　2inほどの小型ワームでのライトな釣りが面白い。樋島一帯はガラカブが多く、通年狙うことができる。中には20cmを超える良型も。メバルやアジは夜釣りで常夜灯周りを狙うと反応がよく、秋〜冬にかけて盛り上がる。波止や岸壁周りにはシーバスも居着き、60cmを超えるサイズも。また、秋にはカマスが接岸することがある。

ターゲット
ガラカブ、メバル、アジ、シーバス、カマス、ミズイカ、コウイカ、タチウオ、ヒラメ、アコウ

【ポイントへの行き方】
樋島大橋を渡り、ループを回りきってすぐ左折する。そのまま道なりに進むと樋島港。

24 外平海岸

上天草市龍ケ岳町

外平海岸全景

樋島の北に位置する海岸。一帯は公園になっており、トイレもあってゆっくりと釣りを楽しめる。砂地と磯が混在し、ルアーのターゲットも多い。

A　砂地にヒラメやマゴチが居着く。ヒラメは70cmほどの大型の実績も

B　ターゲットはシーバス、チヌ、イカなど多彩

姫戸・龍ケ岳エリア

磯とサーフを満喫

　目の前の城島の影響で潮の流れが複雑で、大小さまざまな魚が回遊する。城島へは潮が引くと歩いて渡れるので、こちらでも竿を出してみたい。

A　サーフ

　真っ白いサーフが沖まで延びている。所々に岩や海藻などがあり、ルアーが引っ掛かることがあるが、障害物があることで魚が寄り付く環境ともなっている。キスが非常に多く、それを餌とするヒラメやマゴチも居着き、ヒラメは70㎝ほどの大型が上がった実績もある。底をしっかりと攻めることのできるワームやメタルジグなどが有効だ。

B　磯、石積み周り

　ベイトが接岸している時はシーバスがいることが多い。シーバスは80㎝を超える大型もいるので油断できない。夏のチニングでは50㎝クラスのチヌがアタックしてくる。障害物周りにはガラカブが居着き、小型のワームで探ると飛び出してくる。ワームを投げているとムラソイも当たってくる。ミズイカやコウイカも狙え、エギンガーも必見の釣り場だ。

ターゲット

シーバス、ヒラメ、マゴチ、チヌ、ガラカブ、ムラソイ、キス、ミズイカ、コウイカ

【ポイントへの行き方】
国道266号を龍ケ岳町高戸まで進む。樋島大橋を渡り、樋島の下桶川漁港方面へと向かうと「外平海岸」の標識がある。山を越え5分ほどで海岸に出る。

25 下桶川漁港

上天草市龍ケ岳町

下桶川漁港全景

　樋島の東にある港。漁業や遊漁船業が盛んなエリアの港とあって、港内の魚影も濃い。山を背にして竿を出せることから冬場の北西の風はある程度遮られる。通年安心してルアーフィッシングを楽しめる貴重な釣り場でもある。

A　アジングやエギングが楽しめる

B　季節によって、タチウオやヒラメ、マゴチ、メバルなどが釣れる

姫戸・龍ケ岳エリア

コウイカが年中楽しめる

　とても広い港で、ゆっくりと釣行できる。トイレや自販機があるのも嬉しい。船着き場周辺に点在する常夜灯は明るいので、手元がしっかりと見えて夜釣りもしやすい。港内に居着くコウイカの釣果は安定しており、夜釣りのエギングが楽しい。通年狙えるが、秋〜冬にかけては数が出る中に、良型も交じる。ガラカブも多く消波ブロック周りはもちろん、波止や岸壁の際にも居着いている。

A　西波止

　2in前後のワームを使ったアジングが楽しめる。20㎝前後がレギュラーサイズだが、時折40㎝を超えるような大型が釣れることも。ただし、大アジの接岸は不規則で、潮やベイト次第。まずは投げて様子を見たい。波止屈折付近は潮通しがよく、エギングでミズイカを狙う人をよく見かける。キロ級もたまに上がるが、平均は500g前後。また、シーバスが波止周りを回遊する姿も見えるので狙ってみるのも面白い。

B　東波止

　秋の朝まずめにはタチウオが寄り付く。指3.5本幅が平均で、時には2桁釣果となることもある。ワインドで狙うのが基本。沖の海底は砂地となっており、ヒラメやマゴチ狙いも面白い。どちらも50㎝級が出ることがあり、こちらもワインドやバイブレーションなどで攻める。寒い時季にはメバルが足元に着き、夜に小型ワームで攻めるとヒットしてくる。メバルは25㎝近い良型も交じる。

ターゲット

アジ、タチウオ、ガラカブ、メバル、シーバス、ミズイカ、コウイカ、ヒラメ、マゴチ、メッキアジ

> 【ポイントへの行き方】
> 上天草市松島町から国道266号を南下。旧国道の龍ケ岳中学校前交差点を左折し、樋島大橋を渡る。ループを回りきってそのまま直進する。

くまもとでルアーするバイ　55

26 小屋河内漁港

上天草市龍ケ岳町

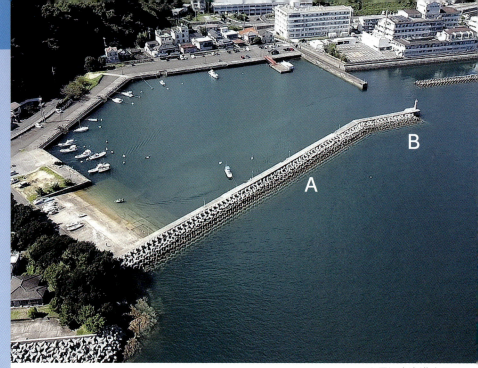

小屋河内漁港全景

　周辺には大小の島々があり、潮の流れが複雑なためいろいろな魚がいる。秋から本格化するタチウオが定番のターゲット。指４本幅が出ることもあり、ルアーマンに人気が高い。

A 波止中間部　港内にスズキが居着き、ベイトが活発な時にはルアーにも好反応を見せる

B 波止突端　港内への潮の入り口でもあり、流れは程よくある。エギンガーに人気

姫戸・龍ケ岳エリア

ターゲット多く選び放題

　目の前には椚島、南を見ると御所浦島が見える。島に囲まれているのでターゲットは多彩。程よい深さがあり、いろいろなルアーを試すことができるのもいい。

　港に居着いているシーバスを狙うのも面白く、30㎝を超える良型アジの回遊もある。テトラ周辺にはガラカブやメバル。その他にもターゲットは多く、選び放題だ。その時にどの魚が活発かは竿を出してみないと分からないので、ルアーなどタックルは種類を多く用意したい。

A　波止中間部

　港内にスズキが居着き、ベイトが活発な時にはルアーに好反応を見せる。ベイトはイワシゴなどで、それに合わせた7㎝ほどのミノーを選ぶ。ベイトが回遊すれば、時季を問わずタチウオが狙える。初秋から初冬にかけてが最も活性が上がり、指4本幅も交じって10匹ほど釣れることもある。4inほどのワームを使ったワインドがお勧め。

B　波止突端

　港内への潮の入り口でもあり、流れは程よくある。エギンガーに人気で、時季によってサイズはまちまちだがコウイカとミズイカが通年狙える。良型アジの回遊もあり、夕方や早朝の薄暗いタイミングにはアジングも面白い。メタルジグなどで沖から底を引くとヒラメやマゴチ、マダイなどが食ってくることもある。テトラ周りにはガラカブも多い。

ターゲット

タチウオ、シーバス、メバル、ガラカブ、ヒラメ、マゴチ、マダイ、コウイカ、ミズイカ

> 【ポイントへの行き方】
> 上天草市松島町から国道266号を南下し、龍ケ岳町の上天草総合病院前から左側の旧道に入ると小屋河内港に到着する。

27 大道港

上天草市龍ケ岳町

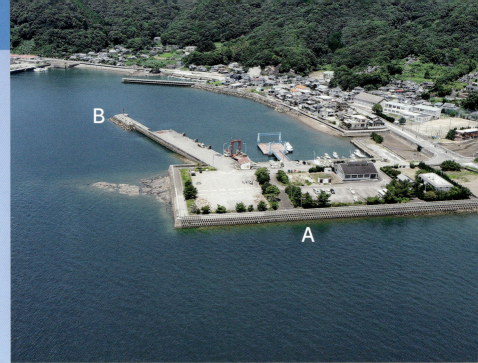

大道港全景

　御所浦島と行き来するフェリーの発着場がある大きな港。場所によって深さや流れなどに変化があるので釣り物も多く、わくわくさせられる釣り場だ。時にシーバスなどの大型魚がアタックしてくるので油断はできない。

A　シーバスやチヌ、マダイが狙える。楽しみ方いろいろ

B　ミズイカや根魚、フラットフィッシュ。冬はメバルも狙える

姫戸・龍ケ岳エリア

狙える魚種は多彩

　潮の流れは程よく、釣りがしやすいと人気。少し高さのある波止なので安全面を優先して、立ち位置などを考えたい。山を背にしているので、冬場の北風もある程度遮ってくれる。釣れる魚種は多く、ルアーの種類も豊富に用意しておき、その時の状況に合わせて狙ってみるといい。シーバスが居着いており、ベイト次第では青物の回遊もある。

A　東側の護岸

　シーバスは護岸寄りで当たってくることもあれば、沖を狙って反応してくることもある。広い範囲を意識したい。50cm級のチヌやマダイが当たってくることもあるので強めの仕掛けで挑む。早朝にはタチウオが接岸することもあり、楽しみ方はいろいろだ。敷石の周りにはガラカブも居着いているので、小型のワームで探ってみるのも面白い。

B　フェリー乗り場前

　フェリーの往来は日に何度かあるが、そのほかの船の行き来は少ない。波止の突端で竿を出している釣り人をよく見かけ、ミズイカや根魚などが釣れている。ヒラメやマゴチが外向きでも港内でもアタックしてくるので、いろいろな方向に投げて様子を見たい。メバルは冬場のハイシーズンに25cmクラスも飛び出してくる。夜の方が実績が高い。

ターゲット
シーバス、ガラカブ、メバル、ミズイカ、コウイカ、ヒラメ、マゴチ、アジ、タチウオ

【ポイントへの行き方】
松島町から国道266号を南下。姫戸町を経て龍ケ岳町へ。松が鼻を過ぎて1.4kmほどのフェリーの発着所がある港。

28 唐網代の波止

上天草市龍ケ岳町

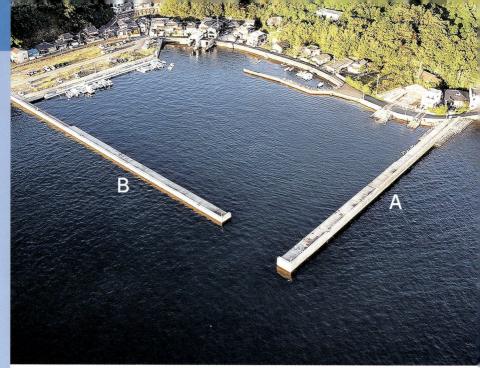

唐網代の波止全景

　ターゲットが多く、ルアーマンに人気のポイント。周囲には御所浦島を含む大小さまざまな島が点在し、複雑に潮が流れ、大型魚もよく回遊する。いつも釣り人でにぎわっている。

A　シイラや青物、シーバスなどの大型魚から、アジやメバル、ガラカブなど小型魚まで多彩

B　流れが穏やかでエギンガーに人気。アジ、メバルは寒くなりだした頃から始まる

姫戸・龍ケ岳エリア

特大級のシイラまでも

　2本ある波止のどちらからでも豊富な魚種が狙える。南波止周辺は流れが速く、西波止周りは比較的穏やか。夏場にイワシゴが湧く時が大型魚を狙えるチャンス。シーバスやブリ、1mを超えるシイラが出ることでも知られる。青物用のハードなタックルで挑戦したい。その他、マダイやヒラメなど、何が食ってくるか分からない面白さがある。ランディングネットやタモは必ず手元に置いておくこと。

A　南波止

　夏はシイラや青物、シーバスの好期で、ベイトとなるイワシゴの群れが入ってきていることが条件。表層系のルアーで狙い、海面を割ってルアーを食い上げてくる姿は迫力満点だ。マダイはタイラバ（ショアラバ）で狙い、70㎝を超えるようなビッグサイズも期待できる。大型魚だけでなく、アジやメバル、ガラカブなどのライトなルアーゲームも楽しめる。

B　西波止

　流れが穏やかで、エギンガーに人気がある。波止の内外どちらでも狙え、春から夏にかけては1kg超の良型も上がる。アジ、メバルは寒くなりだした頃から始まり、ワームや小型のルアーで狙う。日中よりも夜釣りでの実績が高く、いずれも25㎝を超える良型に期待が持てる。底付近を狙うとガラカブの他、アコウやマゴチなどが当たる。

ターゲット

シイラ、シーバス、ブリ、マダイ、マゴチ、ヒラメ、アジ、メバル、アコウ、ガラカブ、ミズイカ

【ポイントへの行き方】
上天草市松島町から国道266号を姫戸・龍ケ岳町方面へ進み、大道港を過ぎ、すぐ左の旧道に入って道なりに進む。

29 葛崎(かづら)の小港

葛崎の小港全景

上天草市龍ケ岳町

　山に囲まれた小さな港。目の前には御所浦島を含む大小の島々が浮かび、地形や潮の流れが変化に富む。ルアーで狙える魚種が豊富だが、意外と釣り人が少なく、ゆっくりと釣りを楽しむことができる。

A　コウイカの釣果が目立つ。夏場のトップシーバスゲームも面白い

B　寒い時季のアジング、メバリングに定評がある。ヒラメやマゴチも実績が高い

姫戸・龍ケ岳エリア

季節問わず多いコウイカ

　岸寄りは岩がゴツゴツとしているが、全体的に砂地が広がり、メタルジグなど重めのルアーを引いても根掛かりの心配が少ない。コウイカの数が多く、季節関係なくエギングでヒットしてくる。コロッケサイズに400gほどの良型も交じる。春先からミズイカも接岸し、2kgクラスまで期待できる。コウイカを狙う場合は底を重点的に攻め、ミズイカは大きくシャクリを入れて底～中層付近を幅広くアピールするといい。

A　波止屈折部

　コウイカは屈折部周辺で釣果が上がる。エギ3号にシンカーをセットし、底ベッタリを狙う人もよく見かける。コウイカは多量の墨を吐くので、波止を汚さないように抜き上げたら直接クーラーに放り込む。また、夏場のトップシーバスゲームも面白い。30～60cmが平均だが、もっと大きいサイズもたまに出る。ベイトのイワシゴが多く接岸している時にはシーバスのヒット率も上がる。

B　波止突端

　寒い時季のアジング、メバリングに定評がある。どちらもジグヘッドとワームの組み合わせで誘うが、狙い方が変わってくる。アジは流れに乗って回遊してくるので、ある程度流れが効いている所を見つけて軽めのジグヘッドを使って流し込んでいく。メバルは波止の際など障害物の周りを攻める。いずれも日没後、活発になる。また、ヒラメやマゴチも実績が高く、3～4inの大きめのワームで底を引くとよい。

ターゲット
コウイカ、ミズイカ、メバル、アジ、シーバス、ヒラメ、マゴチ

【ポイントへの行き方】
国道266号を姫戸町から龍ケ岳方面へ。大道第一トンネルを抜けて左折。赤崎港から100mほど南下する。

30 棚底港

天草市倉岳町

棚底港全景

　御所浦島への玄関口である倉岳町の棚底港。フェリー利用者をはじめ釣り人や観光客などでにぎわいを見せる。周囲には大小さまざまな島が点在し、潮の流れも複雑で、ルアーで狙えるターゲットも多い。

A　常にタチウオの存在を意識しておきたい

B　エギングが人気の場所。アジやメバル、スズキも狙える

倉岳・栖本・有明エリア

時季に応じて魚種は多彩

　釣り場は大きく分けて２つ。長く延びる白灯台の波止の付け根にはゴロタ石が広がり、根魚が多い。ガラカブは数多く居着いており、アコウなどのハタ類がヒットしてくることもある。フェリー乗り場横の波止ではエギングが定番で、ミズイカ、コウイカともに通年狙える。フェリーの出入りがあるので、周りに注意しながら安全に竿を出したい。小魚を含め魚種が多いので、ちょっとルアーで狙ってみたいという初心者にも向いているポイントだ。

A　白灯台の波止

　潮やベイトによってタチウオが接岸する。常に存在を意識しておくといいだろう。天候や潮の条件が合えば通年狙え、特に春と秋に実績が高い。指４本幅の良型も出る。タチウオは潮の流れによってジグヘッドの７〜28ｇを使い、ワームは４inと大きめがお勧め。先には砂地が広がり、50㎝を超える大きなヒラメやマゴチが釣れることもある。

B　フェリー乗り場横

　エギングが人気で、春にはキロ級のミズイカや大型のコウイカが狙える。波止屈折部よりも先で狙う人が多く、外向き内向きどちらでも実績がある。3.5号と大きめのエギをメインに使いたい。アジ、メバルは冬場の夜釣りで。波止にはシーバスが居着いていることもあるので、タックルはターゲットに合わせたものを用意し状況を見て使い分ける。

ターゲット

タチウオ、ミズイカ、コウイカ、メバル、ガラカブ、アジ、シーバス、ヒラメ、マゴチ、アコウ

【ポイントへの行き方】
国道266号の天草高校倉岳校前交差点から旧道に入った方が分かりやすい。倉岳保育所前の十字路を道路標識にしたがって右折し、突き当たりが棚底港。

31 えびすビーチ

えびすビーチ全景

天草市倉岳町

　夏は海水浴客でにぎわうが、それ以外は周辺の波止や護岸から竿を出す釣り人の姿を見かける。沖にかけてゆっくりと深くなっており、ターゲットも豊富。穴場的釣り場だ。

A　足場のいい護岸

B　突端から竿を出す

倉岳・栖本・有明エリア

青物、イカ、根魚がアタック

　ワンドの落ち着いた場所にサーフがあり、波も穏やか。サーフで釣る人はほとんどおらず、周辺の護岸や波止から深場を狙う。特別に大きい魚が釣れるポイントではないが、いろいろな魚がアタックしてくる。マダイの40㎝級が釣れたり、ヒラメの30㎝超が当たってきたりすることもある。沖にかけて広がる砂地に岩などが点在するので根掛かりに注意しながら底を攻める。

A　サーフ横の護岸
　階段で低い足場に下りることができるが、壁を背にするのでキャストしづらい。ベイト次第では青物が接岸することもあり、40～50㎝のヤズがヒットしてくる。シーバスは平均40～50㎝で70㎝超の良型が釣れることもある。強めのタックルを意識したい。暖かい時季はチニングもよく、ルアーに反応してくるのはどれも良型なのがうれしい。

B　石積みの波止
　えびすビーチの向かいにある石積みの波止。突端までごつごつとしているが、そこまで歩きにくい石積みではない。突端で竿を出す人をよく見かけ、いろいろなルアーをキャストしている。足元にはガラカブも居着いており、ワームで探る。エギングもよく、ミズイカを通年狙うことができる。秋は小型が多いが、春～梅雨にかけてはキロ級も当たってくる。

ターゲット
シーバス、マダイ、ヒラメ、ヤズ、チヌ、マゴチ、キス、ガラカブ、メバル、ミズイカ、コウイカ

【ポイントへの行き方】
国道324号の知十橋を左折し、道なりに進む。教良木で左折して倉岳町を目指し、棚底港を過ぎてすぐに見えてくる。距離はあるが、国道266号で松島から海沿いに倉岳を目指してもよい。

32 猪子田漁港

天草市栖本町

猪子田漁港全景

　南向きに面した港で、山を背にしているため北風は緩く、四季を通して釣りがしやすい。足場もよくルアーをキャストしやすく、船着き場周辺には常夜灯も。夜でも安全に釣りを楽しむことができる。

A　ガラカブが居着き、少し沖ではヒラメも狙える

B　メバルやアジが居着く。アジは初冬から、年明けから春いっぱいまではメバル釣りが楽しめる

倉岳・栖本・有明エリア

多彩なターゲット狙える

　２本延びる波止や岸壁と釣り場はいろいろ。近くの離れ波止がストラクチャーとなり魚種が豊富。港内に小魚が多いため、港外にはヒラメなどの大型魚も潜む。コウイカやモンゴウイカも良型がアタックしてくるポイント。タックルは種類多く用意してルアーも豊富に試したい。

A　西波止

　付け根付近は消波ブロックがあり、海底数m先まで広がっている。ガラカブが居着く好条件となっており、良型も潜む。ガラカブは小型のワームで探ると数が狙える。沖の底をメタルジグや4 inほどのボリュームのあるワームで探るとヒラメが狙え、平均30〜40cmの中に50cmを超える良型も掛かってくる。同サイズのマゴチもアタックしてくる。

B　岸壁

　4本の明るい常夜灯があり、夜釣りを楽しむことができる。明かりにはプランクトンやマイクロベイトが寄り付き、それを捕食するメバルやアジが居着く。アジは初冬から釣れ始め、タイミングがよければ25cmクラスの連発が期待できる。年明けから春まではメバルがいい。18〜20cmが当たってくる。30cmほどのシーバスも多いが、ベイトなどの条件が合わないと難しい。

ターゲット

メバル、アジ、ミズイカ、コウイカ、モンゴウイカ、ヒラメ、マゴチ、シーバス

【ポイントへの行き方】
国道324号天草瀬戸大橋側から国道266号で栖本トンネルを抜け約4kmで猪子田漁港。

33 栖本漁港

天草市栖本町

栖本漁港全景

　浅い砂地で、潮流も比較的穏やか。山を背にし、北西の風もある程度防いでくれるので冬場でも竿を出せる。ターゲットは非常に多く、ルアーだけでなく餌釣りも人気。近くにコンビニなどもある。

A　外向きはテトラに注意。根魚が面白い

B　波止中央付近の常夜灯周りが狙い目

倉岳・栖本・有明エリア

イカ、アジが楽しめる

　2本ある波止のどちらからも同じようなターゲットが狙える。先は砂地だが、足元にはゴロタ石が多く、根掛かりすることもあるので回収時は速巻きで。所々常夜灯があるため夜釣りも楽しめ、夏場は涼しい夜の方が釣り人が多くなる。港内ではエギングでミズイカやコウイカが通年楽しめる。コウイカは300g前後が平均サイズ。ミズイカはキロ級もよく上がっている。寒い時季のアジ釣りも面白く、特に夜釣りでは25cmを超える良型も上がる。

A　西波止

　消波ブロック周りにはガラカブが多く居着き、小型ワームを使ったロックフィッシュゲームを楽しめる。すき間を探ったり、ちょい投げしたりして底をとんとんと叩くように誘う。15cmほどの小型が多いのでリリースし、良型の食べ頃サイズを持ち帰りたい。冬場には2inほどのワームでメバルが狙える。25cmほどの良型がくることもある。

B　東波止

　夜のアジングは常夜灯周りを狙う。暑い時季も潮などの条件によっては回遊があるが、冬場の方が釣果は堅い。ジグヘッド1gに2inクリア系のワームを基本とし、様子を見ながらいろいろと試していくといいだろう。キスが多く生息し、それらを捕食しているマゴチやヒラメも居着く。大きめのワームやメタルジグなどで底を重点的に誘う。波止周りを大型のスズキやチヌが回遊しているシーンもよく見かける。

ターゲット

ガラカブ、メバル、アジ、スズキ、ミズイカ、コウイカ、チヌ、ヒラメ、マゴチ、メッキアジ

【ポイントへの行き方】
天草瀬戸大橋を右に見て国道266号を南下。栖本トンネルをくぐり、約1.5kmで栖本漁港。

34 白戸漁港

白戸漁港全景

天草市栖本町

　程よい潮の流れがルアーフィッシングに向いている。魚影が濃く、ターゲットが豊富なのも魅力的だ。足元から深く、潮位も気にすることなくいつでも竿出しができ、北風の影響を受けにくい。

A　最も流れが効く。近くに潮目ができた時などは青物のチャンス

B　セイゴが居着いている。日が落ちてからはアジングも面白い

倉岳・栖本・有明エリア

広い釣り場に豊富な魚種

　長波止や中波止、短波止など釣り座は広く、場所によって狙えるターゲットが変わってくる。流れが緩い奥まった所はメバルやアジ、外向きの流れが効いている場所からはヤズやネリゴなどの青物が狙える。どの魚が高活性かはベイトや潮などの状況で変わるので、臨機応変に対応できるようタックルやルアーは多めに準備することをお勧めする。まれに大きなブリやマダイも当たってくる。強めのタックルで挑みたい。

A　長波止屈折部
　最も潮が効くポイントで、近くに潮目ができた時などは青物のチャンス。ヤズやブリ、ネリゴ、サゴシなどで、ミノーやメタルジグが効果的。底狙いではマゴチも。メタルジグなどで底から上層まで巻いてくると、いろいろなターゲットが狙える。エギンガーにも人気で、ミズイカは通年狙え、春には2kg級が上がることもある。

B　長波止突端
　シーバスが居着いている。大きいものでは60cmを超え、引きを十分に楽しめる。日が落ちてからはアジングも面白い。アジが通年狙え、秋から冬にかけてが最も型が良くなり、30cmクラスが交じることもある。冬場のナイトゲームではメバル。25cmを超える良型もヒットする。アジもメバルもジグヘッドとワームの組み合わせで狙うのがマスト。

ターゲット
アジ、メバル、ミズイカ、マゴチ、シーバス、ヤズ、ブリ、サゴシ、ネリゴ、マダイ

【ポイントへの行き方】
国道324号を天草市本渡方面へ。瀬戸大橋を渡らず国道266号を直進。下浦町に入るとすぐに信号機のない三叉路を右方向の県道283号を道なりに進んだ突き当たり。

35 大浦港

天草市有明町

大浦港全景

　波止付け根には地磯があるが、海底には砂地が広がる。目の前の竹島との海峡に面し、潮の流れは変化に富む。ターゲットも豊富で、ルアーフィッシングが楽しめる釣り場だ。

A　地磯も近く、根魚やミズイカ狙いが面白い

B　ミズイカ、コウイカが狙える。朝夕はタチウオも。冬にはメバルやアジも釣れる

倉岳・栖本・有明エリア

大型魚の回遊もあり

　適度な潮流のある北側の波止で竿を出す人が多い。中波止や南波止は流れが緩やかで、チヌ釣りをする姿を見かける。竹島との間は流れが速く、特に大潮回りは釣りづらいが、ルアーをキャストしながら潮流の落ち着くポイントを探っていくのも面白い。80㎝を超える大型シーバスの実績もあり、青物が回ってくることもある。大型魚はイワシゴやコノシロなどのベイトの群れに付いているため、ベイトの有無を知ることが釣果アップのカギ。

A　波止付け根

　地磯付近では根魚やミズイカ狙いが面白い。ガラカブはワームで誘うと数釣りが楽しめる。中には20㎝を超える良型も。ミズイカは春にキロ級が望め、エギは3.5号と大きめを使う人が多い。シーバスは波止に居着いていたり、深い場所のストラクチャーにいたり。あらゆる方向に投げて反応を見たい。

B　波止突端

　外向きに流れが強い時は、内向きにも竿を出せる。ミズイカは300g前後が多く、キロ級が交じってくる。コウイカは200〜300gが通年狙える。早朝や夕方からはタチウオも面白く、指４本幅ぐらいまで出ることもある。港内では冬の暗いタイミングでアジ、メバルも狙える。

ターゲット
メバル、ガラカブ、アジ、ミズイカ、コウイカ、シーバス、ブリ、チヌ

【ポイントへの行き方】
天草5号橋を渡り、国道324号を進む。有明町大浦集落に入る手前で県道109号大浦港線に右折。道なりに行った突き当たりの港。

36 須子漁港・地磯

天草市有明町

須子漁港全景

　小魚を含めて魚種は多く、ルアーから餌釣りまで多くの人が竿を出す。潮の流れも程よく釣りやすい。港の奥には地磯もあり、多様な釣りを楽しめる。駐車スペースも広いので、のんびりとした気分で釣りに出かけられる。

A　冬はアジングが面白い。メバルやシーバスも

B　シーバスが居着く。大型のチヌが浅場を回遊し、フラットフィッシュも狙える

倉岳・栖本・有明エリア

港と地磯で釣りを満喫

　広い地磯があり、干潮時には沖の方まで歩いて行けるため、普段届かないような所でも竿を出せる。地磯周りにはガラカブが多く居着き、ワームで狙うと数釣りも楽しめる。少し深みを狙うとアコウも当たってくる。磯からは夏場のチニングも面白く、40cm級が飛び出してくる。またシーバスも居着いていて、秋には80cmクラスの大型がアタックしてくることもある。

A　岸壁
　冬場のアジングが面白い。船着き場周辺には常夜灯があり、その周りにアジが付く。夜釣りで狙うと、18〜23cmが10匹以上釣れることもある。ジグヘッドとワームのセットで狙い、ワームはクリアやグロー系がお勧め。まずは表層から攻めていきたい。反応を見ながらレンジを下げ、どこで当たってくるかを見つける。同時季にはメバルや小型のシーバスもヒットしてくる。

B　地磯周り
　シーバスが居着いている。ベイト次第では通年狙え、40〜50cmクラスが多い中、さらなる大型も飛び出してくる。大きなチヌも浅瀬を回遊している。沖の方は砂地が広がっており、ヒラメやマゴチもいる。沖にかけてなだらかに深くなっていくが、磯周りは基本的に深くないので、ターゲットを絞るというよりも、ルアーは表層系をメインに少しレンジを入れながら誘っていくと、いろいろなターゲットに合わせられる。

ターゲット
アジ、メバル、ガラカブ、アコウ、シーバス、チヌ、マゴチ、ヒラメ

【ポイントへの行き方】
上天草市松島町から国道324号を天草市有明町方面へ。道なりに進むと左側にお食事処田吾作があり、250mほど先の三叉路を右折すると須子漁港。

37 赤崎港

赤崎港全景

天草市有明町

　昔から魚種が豊富なことで知られ、釣り人でにぎわってきた赤崎港。松島有明道路が開通してから釣り人が減り、思わぬ釣果に恵まれることもある。強風で釣りづらい日もあるが、空が澄んでいると雲仙岳などが望め、広大な気分で釣りを楽しめる。

A　マゴチやヒラメは外向き。チヌは波止の付け根を攻める

B　マゴチ、ヒラメに加えてイカが狙える。夜はメバルやアジも

倉岳・栖本・有明エリア

フラットフィッシュが面白い

　港の周りには砂地が広がり、砂地は深い所まで続いている。どん深ではなく沖に向かってなだらかに深くなっていくので、ルアーフィッシングには最適だ。キスなどを捕食するマゴチやヒラメが居着き、波止の周りでは居着きのシーバスも狙える。どの魚も大物が掛かることがあるので、強めのタックルを用意しておきたい。

A　東波止中間部

　マゴチやヒラメは外向きを狙う。14〜28gのジグヘッドに4inほどの大きめのワームをセットし、底を重点的に探る。どちらも50cm級の実績があり、それより大きいサイズにも期待が持てる。波止の付け根周辺は浅く、サーフ周辺含めて夏場にチニングが楽しめる。マゴチやヒラメ、チヌにしてもベイトが活発な時にいい反応を見せるので、ベイトの気配を感じながら狙ってみる。

B　東波止突端

　マゴチなどのフラットフィッシュ狙いが定番だが、港内に向かってエギングをする人も見かける。ミズイカよりもコウイカが釣れる割合が高く、春には500gを超える良型が釣れる。ミズイカを狙いたい場合はしっかりとシャクりながら誘い、コウイカメインの時は底をゆっくりと引いてくる。また、港内の岸壁には常夜灯がつき、夜釣りでメバルやアジを狙う時にも釣りやすい。

ターゲット

マゴチ、ヒラメ、チヌ、シーバス、コウイカ、ミズイカ、アジ、メバル

【ポイントへの行き方】
松島有明道路の上津浦ICから国道324号を右折し上天草市方面へ。およそ2kmで広い赤崎港が見えてくる。

38 小島子の小港

小島子の小港全景

天草市有明町

　国道324号沿いにある小さな港。釣り人の姿は少なく、のんびりとした釣り場だ。寒い時季にはメバルやアジなどのライトゲームが楽しめ、夜釣りで狙うといいサイズが飛び出してくることもある。

A　シーバスやチヌ狙いは西向き。ヒラメやマゴチも生息する

B　冬場のアジングやメバリングでいずれもいいサイズが出る。コウイカやミズイカも通年狙える

倉岳・栖本・有明エリア

ライトゲーム主体に大物も

　西側は非常に浅く、海底には砂利が広がっている。北向きに沈み瀬があるためいろいろな魚が寄りつき、ターゲットは多い。底を狙う時は根掛かりも多くなるので、投げながら底の様子を把握していく。ベイト次第では80cmクラスのシーバスが潜んでいることもあり、ライトゲームばかりでなく、強い引きも楽しむことができる。

A　西波止

　砂利のある方向へ投げるとシーバスやチヌが狙える。ベイト次第では大型シーバスが期待でき、40〜50cmクラスは普段から十分狙えるサイズ。チニングは夏場に最盛期を迎え、45cm級がアタックしてくる。ウエーダーを履いて腰まで浸かりルアーをキャストする姿も見かける。ヒラメやマゴチの50cm級がヒットしてくることもあるので、ランディングネットやタモなどを準備して挑みたい。

B　東波止

　冬場のアジングやメバリングで、いずれもいいサイズが出る。常夜灯のない暗い釣り場なので、ヘッドライトなど安全に楽しむための装備が必要。アジもメバルも基本的には小型のワームで狙うが、プラグに反応してくるものはサイズがいい。春には2kgクラスの大型モンゴウイカも狙え、コウイカやミズイカ釣りは通年楽しめる。ミズイカはキロ級も上がる。

ターゲット

メバル、アジ、ガラカブ、キス、チヌ、シーバス、ヒラメ、マゴチ、ミズイカ、コウイカ、モンゴウイカ

【ポイントへの行き方】
松島有明道路の上津浦ICから国道324号を左折し、天草瀬戸大橋方面へ。3kmほどで右手に見えてくる。

39 大宮地川河口

天草市新和町

大宮地川河口全景

　大宮地川河口は、周囲が山で囲まれており、波風に影響を受けにくく釣りやすい。チヌとシーバスの実績は天草の河川ではトップクラス。干潮時には砂地が出てくるほど浅くなるが、竿出しは満潮、干潮どちらも可能。

A　足場が良く、歩きながら広範囲に探れる

B　水面までが近いので、掛かった魚を取り込みやすい

82

天草下島エリア

潮位で狙いを変える

　川と海のベイトが混在し、豊富な餌があることで大きなフィッシュイーターも居着いているポイント。満潮時は幅広く狙え、干潮時は狙いを絞り込みやすい。どのタイミングでも魚がいれば高確率で反応してくる。橋脚付近や海寄りのエリアも狙い目。ヒラメやマゴチも居着いており、どの魚もサイズが期待できるので少し強めのタックルで挑んでみたい。

A　南の岸壁

　チヌ、シーバス、ヒラメ、マゴチが狙える。足場が良く、広範囲に探れるので当たりを探しながらランガンする。チニングは夏から秋にかけてが時季で、ポッパーやペンシルに好反応を見せる。50cm超が飛び出すことも。シーバスは厳冬期を除けばいつでも狙え、中でも荒食いを始める秋がチャンス。

B　石積みの波止

　水面まで近く、掛かった魚を取り込みやすい。長い波止なので広範囲に探れるのもいい。ヒラメ、マゴチは通年居着いているが、夏場に最も食いが良くなる。普段から底にいる小魚や甲殻類を捕食しているため、底を攻めるワームなどが効果的。ヒラメ、マゴチともに50cmを超える良型がいつ食ってくるか分からないので、ランディングネットは常に近くに置いておくこと。

ターゲット
シーバス、チヌ、ヒラメ、マゴチ

【ポイントへの行き方】
本渡町の瀬戸大橋を渡り、国道324号から天草工高前の交差点を右折。県道26号を道なりに約12km進むと大宮地川河口に到着する。

40 大多尾漁港

天草市新和町

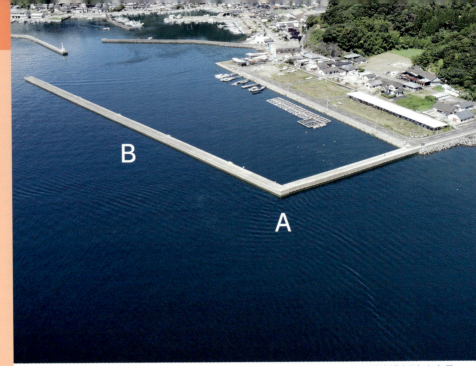

大多尾漁港新波止全景

　天草下島の中でも人気の高い釣り場の一つ。ルアーで狙える魚も多く、ガラカブなどの小さなターゲットから、青物やマダイなどの大型回遊魚まで狙うことができる。何ともワクワクさせてくれる釣り場だ。

A　底を取りやすく、ミズイカ狙いのポイントとして人気

B　ターゲットが多いのでタックルやルアーなど種類はたくさん用意を

天草下島エリア

ミズイカをメインに釣魚豊富

　港は大きく2つに分けられる。北にある新波止と南にある旧波止。どちらも同じような魚種が狙えるが、ここでは新波止に絞って紹介する。長く延びる屈折した波止で、手前には消波ブロックがびっしりと入り、周りには小磯もある。先に行くほど深くなり、釣り座によって釣り物が変わる。イワシゴが群れ、それを狙うフィッシュイーターも多い。いいサイズのヤズとネリゴが当たってくることもある。

A　波止屈折部周辺

　水深があるが、流れは緩くもなく、きつくもなく、程よいので底を取りやすい。ミズイカが最も人気のターゲットで、時季によってサイズはまちまちだが通年狙うことができる。特に秋の夜釣りは数釣りが楽しめるため、エギンガーがこぞって竿を出す。ヒラメやマゴチも居着いているので、ワームなどで底を攻めてみたい。足元周辺は所々根掛かりするが、その先は砂地なので安心して底を引くことができる。

B　波止突端

　長く波止が延び、足場が良くて釣りやすいのでファミリーの姿も多く見かける。波止の際にはシーバスが居着いていることもあり、他にメバルやアジも面白い。狙えるターゲットの種類が多いのでタックルやルアーはバリエーション多く用意しておきたい。夜釣りも楽しいポイントだが、波止の先に行くと明かりが全くないので、ヘッドライトなどの準備は万全に。

ターゲット

ミズイカ、コウイカ、シーバス、メバル、アジ、ヒラメ、マゴチ、ガラカブ、ヤズ、ネリゴ、マダイ

> 【ポイントへの行き方】
> 天草瀬戸大橋から県道26号本渡牛深線に入り南下する。大宮地川を渡り約2kmで左折し県道289号へ入る。トンネルを抜け、郵便局の先を左折し道なりに進むと新波止。

41 宮地浦湾

天草市新和町

宮地浦湾全景

　新和町の中田港といえば、堤防釣りの好スポット。港がある中田湾の東側に位置する宮地浦湾は、奥に細長い湾なので波や潮の流れは終始穏やか。水深もあるので、さまざまな魚が回遊してくる。

A　エギンガーに人気がある

B　潮が引くと下りられる

天草下島エリア

波、潮ともに穏やかで釣りやすい

　南からよほど強い風が吹かない限りは常に穏やかで、コンディションは安定している。湾の両サイドはやや浅いが、中心にかけて深くなっている。マダイの回遊が見られ、ボートから狙う人がいるが、岸から深場に向かってメタルジグやタイラバを遠投してもよい。よく釣れるのは30㎝前後。まれに60㎝を超える良型も上がる。

A　東岸の波止

　短い波止で、付け根には地磯が広がる。エギンガーに人気があるポイントで、エギをキャストする姿をほぼ年中、目にする。波止からはコウイカが狙え、底を引くように誘う。地磯周りではミズイカ。しっかりシャクリを入れるとよい。どちらかというと中型サイズがメインだが、大型もたまに釣れる。地磯周辺は浅いが、暖かい時季はトップチニングゲームを楽しめる。チヌは40㎝を超える良型ばかり。

B　西側の護岸

　潮位が下がるとゴロタ石が姿を現す。そこに下りて竿が出せるが、足場には青のりが付着している所も多いので、滑らないよう注意したい。沖にかけて砂地が広がり、特に障害物もなく、マダイが掛かっても取り込みやすい。40㎝を超える良型のヒラメも当たってくる。また、アジも群れでよく入ってくる。それを追ってくるシーバスやヤズなどのフィッシュイーターにも期待十分。

ターゲット

ミズイカ、コウイカ、マダイ、チヌ、シーバス、ヤズ、ヒラメ、キス

> 【ポイントへの行き方】
> 天草瀬戸大橋を渡り、県道26号本渡牛深線を南下。大宮地川を過ぎ、6㎞ほど道なりに進むと宮地浦湾に出る。

42 鬼池港

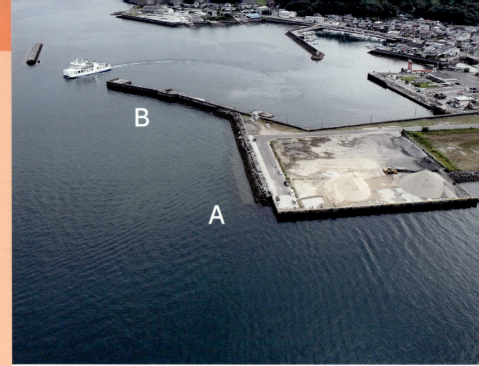

鬼池港全景

天草市五和町

　長崎県口之津へのフェリー乗り場でもあり、多くの人でにぎわっている。港は広く、眺めもいい。トイレや自販機があり、近くには食事処もある。ルアーの対象魚も多く、時季に応じて楽しみ方はいろいろ。小さなターゲットが多いので、ライトタックルで当たりを探したい。

A　良型のミズイカが上がる。底は砂地でヒラメやマゴチも狙える

B　アジ、メバル、ガラカブなどをライトタックルで狙う

天草下島エリア

ランガンで広く探る

　フェリー乗り場周辺の岸壁は足場が良く、広く竿を出せる。夜は常夜灯もつくので足元が見えて釣りやすい。しかし、フェリーの発着時は作業の邪魔になる上、危険を伴うので近寄らないようにしたい。北側の岸壁の砂利置き場は立ち入り禁止となっており、釣り座は岸壁の角や消波ブロック周辺。外波止は突端に行くにつれて潮の流れが良くなってくる。ランガンで広い範囲を狙ってみたい。

A　北の岸壁

　エギンガーに人気があり、消波ブロックの上からエギをキャストするシーンを目にする。通年ミズイカを狙うことができ、春〜夏は2kg級の実績もある。その他のシーズンは500gが平均サイズ。底は砂地となっており、ヒラメやマゴチも居着く。先に行くにつれて深くなっており、遠投する場合は40g前後のメタルジグがあれば安心。ヒラメ、マゴチともに50cm級の良型が潜んでいる。

B　外波止

　アジ、メバル、ガラカブをライトタックルで狙うのが面白い。夕方から夜にかけてがよく、どれも良型がヒットしてくることがある。1g前後のジグヘッドに2inほどのワームをセットし、先に投げたり、波止の際を探ったりして当たりを楽しむ。どの方向からの風もまともに受けるので、天候を見てから竿を出すようにしたい。特にライトゲームの場合は、あまり風がない日が釣りやすい。

ターゲット

アジ、ガラカブ、メバル、スズキ、ミズイカ、コウイカ、ヒラメ、マゴチ、カマス、チヌ、アコウ

> 【ポイントへの行き方】
> 天草瀬戸大橋から国道324号を北（五和町方面）へ12kmほど進む。フェリー発着所がある港。

43 宮津漁港

天草市五和町

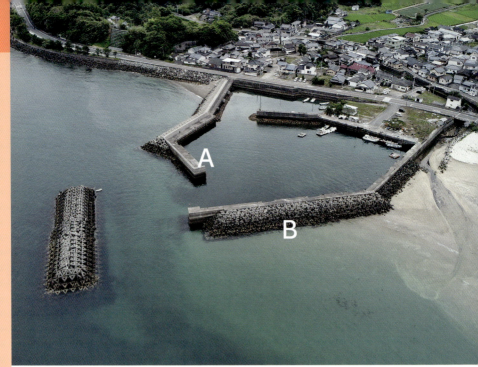

宮津漁港全景

　北側に離れの波止があることで波の当たりも緩く、沖にかけてなだらかに深くなっているので釣りやすい。小さい漁港だが魚影は濃く、ベイト次第ではブリやサゴシなどの青物が接岸することもある。

A　エギングは底から中層を誘う。波止際にはガラカブが居着く

B　キスが群れている。フラットフィッシュやチヌ、シーバスも狙える

天草下島エリア

大型ミズイカの高実績

　エギンガーに人気の釣り場で、2kgクラスのミズイカがたびたび釣れている。特に春〜夏はサイズがいい。藻が多く生える時季なので釣りにくいがチャレンジしたい。港内に入ってくることもあるので、各方向に投げて反応を見てみよう。なお、A、Bともに消波ブロックからの竿出しは足場などの安全確保が大切。滑らないよう磯靴などを着用したい。

A　東波止

　波止屈折部付近から沖に向かってエギをキャストする人を多く見かける。底をメインに中層付近までのレンジを誘うといいようだ。港内でも釣れるが、船の近くはロープが張ってあるので要注意。消波ブロックの隙間や波止際にはガラカブが居着いており、小型のワームで探ると当たりが頻繁に現れる。小型はリリースし、良型だけを持ち帰りたい。

B　西波止

　サーフ周りにキスが群れている。小型のメタルジグでゆっくり誘うと当たりが楽しめる。イソメワームで狙っても面白い。バイブレーションや大きめのワームには、ヒラメ、マゴチが反応してくる。チヌやシーバスも狙え、いずれも良型の当たりが楽しめる。冬の夜釣りではアジやメバルがいい。1.5in前後のグロー系ワームで探る。

ターゲット

ミズイカ、コウイカ、アジ、メバル、キス、ヒラメ、マゴチ、ブリ、サゴシ、ガラカブ、エソ

【ポイントへの行き方】
天草瀬戸大橋から国道324号を北へ。鬼池港から1kmほど進むと宮津漁港。

44 通詞西波止

通詞西波止全景

天草市五和町

　海峡となっており激流が発生しやすい。攻略が難しいが、ターゲットは豊富でいろいろな当たりを楽しめる。流れの緩い潮回りやタイミング、流れが落ち着くポイントを見つけて攻めたい。

A　流れが速いので、キャストしてみて攻略法を考える

B　海面まで高さがなく足場もいいので、魚を取り込みやすい

天草下島エリア 44

珍しくクロムツが狙える

　風が強い日はとても釣りづらい。流れも速いので、なぎの日を選ぶのが得策だ。冬場には珍しいクロムツが狙え、最大25㎝まで出る。バイブレーションやジグヘッド＆ワームの組み合わせで狙い、底をべったり重点的に狙うと数が上がることもある。どのターゲットにしても潮止まりなどの緩い流れのタイミングが狙い時で、流れっ放しよりも潮が止まる前や、動き出す瞬間によく当たってくる。豊富なターゲットが狙えるのでルアーの種類も多く用意しておきたい。

A　橋脚周り

　クロムツは橋脚周りの底を攻める。30〜40㎝のヒラセイゴも居着いているので、少し強めのタックルも用意しておいた方がいい。ガラカブも多いので、重さのあるジグヘッドを使って沈めてみるといいだろう。ベラも多く当たり、中には35㎝超のアコウが当たってくることもある。流れが速いので、実際にキャストして攻略法を考えていく。

B　西波止

　アジ、メバル、ミズイカが定番。港内でもよく釣れるので、潮などの状況によって狙い所を選ぶといい。アジは30㎝級が出ることもあり、ミズイカは2kg超の実績も高い。波止付け根の浅い所では夏場のチニングが面白く、流れの中で大型マダイがルアーに食い付いてくることもある。海面まで高さがなく足場もいいので、魚を取り込みやすいのもうれしい。

ターゲット

クロムツ、メバル、アジ、ミズイカ、ヒラセイゴ、マダイ、チヌ、ガラカブ、キジハタ

【ポイントへの行き方】
天草下島の国道324号を北上。鬼池港前のカーブを曲がると通詞島が見えてくる。約7km進んで右折し、通詞大橋を渡って左折する。

45 志岐漁港

苓北町

志岐漁港全景

　富岡湾の南部にあり、東西2本の長い波止はそれぞれ内側に湾曲している。海底は砂地で水深はあまりなく、メタルジグなどもしっかりと底をとれるために釣りやすい。エギンガーにも人気があり、コウイカとミズイカのどちらも良型が釣れる。

A　海底は砂地でキスなどの小魚が多く、それらを捕食するマゴチやヒラメも居着いている

B　イカの好ポイント。離れ波止にはヤズなどの回遊も見られる

天草下島エリア

多彩な魚が釣れる好ポイント

　２本の波止は同じような形状で、風当たりや潮などによって釣り座を選べる。波止の付け根から沖にかけて消波ブロックがあり、その周りにはガラカブが多く居着く。季節関係なく狙え、ワームで探ると当たりを楽しむことができる。数が上がるが、大きいものだけを持ち帰るように心がけたい。キスも多く、海底には根掛かりもほとんどない。小型メタルジグを使ったキス釣りも面白い。

A　西波止

　海底は砂地でキスなどの小魚が多く、それらを捕食するマゴチやヒラメも居着いている。マゴチは暖かい時季によく釣れ、50㎝を超える良型交じりで２、３匹釣れることも。20ｇのジグヘッドに４inと大きめのワームをセットし、底を重点的に探る。良型のヒラメが潜んでいるほか、エソもよく当たってきて楽しませてくれる。足元にはガラカブが居着いている。

B　東波止

　エギングでコウイカがよく釣れ、春からは１㎏を超すモンゴウイカも交じる。ミズイカも良型が回遊してくるため、エギンガーに人気。突端の目の前にある離れ波止周りには、ベイト次第だがサゴシやヤズなども接岸することがあるので、プラグ系のルアーも投げて様子を見てみるといい。青物は早朝や夕方に接岸してくることが多い。タイミングを合わせて狙ってみたい。

ターゲット

ミズイカ、コウイカ、シーバス、チヌ、ガラカブ、ヤズ、サゴシ、ヒラメ、マゴチ、キス

【ポイントへの行き方】
天草市五和町方面から国道324号の苓北郵便局を過ぎてすぐの４つ角を右折。県道296号円通寺志岐線に交わる交差点を右折する。道が細くなるので注意する。

46 天附の岸壁

天草市牛深町

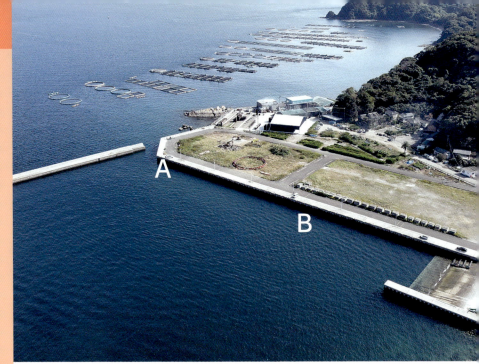

天附の岸壁全景

　ハイヤ大橋を渡っていると下須島側に見える広い岸壁。足元に泳いでいる魚が見えるほど海水の透明度が高い。海峡なので流れは速いが、釣り物が多い上に青物なども回遊してくる人気のポイントだ。

A　流れがよく、いろいろな魚が寄る

B　常夜灯があり、夜釣りも楽しめる

天草下島エリア 46

ターゲット多いA級ポイント

　岸壁の付け根には地磯が広がり、周辺には養殖棚も浮かぶ。豊かな海で釣り物はとても多い。常夜灯があるので夜釣りも人気。昼夜問わずに釣りを楽しめる。アジやイワシなどの小魚が多く回遊し、それを捕食する青物やミズイカなどさまざまなフィッシュイーターが集まる。

A　岸壁角

　目の前に沖波止がある。岸壁との間は流れが速いが、魚の通り道になっているようで竿出しする人が多い。すぐ横には地磯があり、沖にかけてなだらかに延びている。アコウやオオモンハタなどの根魚が居着き、大きめのワームで狙うとアタックしてくる。アコウは30cm超、オオモンハタは40cm超と、どちらも良型が潜む。ベイト次第ではヤズやネリゴなどの青物も回ってくるので、対応できるよう準備はしておきたい。

B　岸壁中間付近

　冬場、常夜灯の下では夜釣りでアジが狙える。20〜22cmが平均サイズだが、まれに30cmを超える尺アジも。ジグヘッドとワームで狙うのがマスト。通年狙えるミズイカも面白い。時季によってサイズはまちまちだが、キロ級が上がるためエギンガーには人気のスポット。シーバスやチヌ、マダイ、ヒラメなど、さまざまな魚が回遊してくるので、底から表層まで幅広く探りたい。

ターゲット

ミズイカ、アジ、ヤズ、ネリゴ、オオモンハタ、アコウ、ガラカブ、シーバス、マダイ、チヌ、ヒラメ、マゴチ

【ポイントへの行き方】
国道266号を南下。牛深町の牛深ハイヤ大橋の中ほどにある信号を左折してループ橋を下り、突き当たりを左に折れるとたどり着く。

47 米淵の小港

天草市牛深町

米淵の小港全景

牛深町下須島にあり透明度がとても高い港。西風に弱いのが難点だが、狙える魚種は多く楽しめる。沖にかけての海底は砂地が広がり、所々岩がある程度で釣りやすい。常に流れが程よく効いおり、魚の活性が高くチャンスも多い。

A　ガラカブやオオモンハタ、アカハタなどの根魚が居着いている

B　ヒラスズキやミズイカが狙える地磯

天草下島エリア

サラシが出ればヒラスズキも

　周辺は磯に囲まれ、条件がいいのでヒラスズキも居着いている。西風には注意したいが、磯周りに程よくサラシが出ている時はヒラスズキが釣れるチャンス。50〜60cmといいサイズもヒットしてくる。外向きもいいが、港内ではミズイカもよくヒットしてくる。ミズイカは通年狙え、春にはキロ級の当たりも多くなる。各方向に投げ、溜まっているポイントを見つけると連発することも。3.5号のエギで狙う人が多い。

A　外波止

　外向きにはびっしりと消波ブロックが敷き詰められている。消波ブロックや磯の周りにはガラカブやオオモンハタ、アカハタなどの根魚が居着いている。足元にはガラカブが多く、軽く遠投して深みを狙うとハタ類が当たってくる。ワームをメインに底を重点的に探る。寒い時季には良型のアジも接岸するので、アジングも面白い。

B　波止付け根

　西風の程よいウネリがある時はヒラスズキを狙えるが、海の状況を見て無理はしないように気を付けて楽しみたい。磯周りはミズイカもいい。潮位次第では歩きづらいこともあるが、攻めてみる価値はある。足場は濡れていると滑りやすいので、磯靴とライフジャケットは必ず着用すること。時にはヤズやサゴシなども姿を見せるので、シンキングペンシルなどを中心にゲームを組み立てていくと面白い。

ターゲット

ミズイカ、アジ、ヒラスズキ、ヤズ、サゴシ、ガラカブ、オオモンハタ、アカハタ

【ポイントへの行き方】
国道266号を南下し天草市牛深町へ。牛深ハイヤ大橋途中のループ橋を下りきりT字路を左折。多機能型複合施設「南風ん風」の東側を右折して市道を進み、砂月海水浴場を過ぎて道なりに進むと右側に見えてくる。

48 大鞘川河口

八代市

大鞘川河口全景

　八代市を流れる大鞘川。河口には大きな樋門があり、干潮時に川の水が海へと流れてくる。一帯は淡水が流れ込むことで餌となるベイトが豊富で、いろいろな魚が寄り付いている。海底は潟で濁りが強く、魚の警戒心は薄い。底の岩やカキへの根掛かりに注意。

A　シーバスは通年。夏にチニング、夏から秋にかけてハモが釣れることもある

B　ハゼの釣り場。針掛かりしたハゼにヒラメやコチが食ってくることもある

シーバスの好スポット

　広い護岸は水深や底質が一定で、どこでも変わらず釣れるようだが、湾口となっている周辺が特によい。シーバス狙いで釣り人が通い、90㎝級の大型の実績もある。餌となるベイトが豊富なことからシーバスは季節関係なく回遊を見せ、昼夜問わず期待できる。ハダラやコノシロが主なベイトで、それらに合わせたルアー選択がヒットへのカギ。ルアーは種類多く用意しておきたい。

A　右岸の石積み

　シーバスのサイズはさまざまだが季節関係なく狙える。周辺はとても浅いので、表層や少し沈むタイプのルアーで攻めてみるといい。夏場はチニングも面白く、40㎝を超える良型が3、4匹釣れることもある。夏から秋にかけてはまれに、回遊してきたハモがルアーに食ってくることも。歯が鋭いので扱いには注意したい。

B　左岸の波止

　周辺にはハゼが多い。ハゼクランクで探り、溜まっている所を見つけると連発する。ジグヘッドとワームの組み合わせにもアタックしてくる。マハゼとウロハゼは13〜22㎝が20匹ほど釣れることもある。ハゼを餌にしているヒラメやマゴチも居着いており、どちらも40㎝超に期待が持てる。右岸同様チヌやシーバスも狙える。

ターゲット

シーバス、チヌ、マゴチ、ヒラメ、ハゼ、ハモ、グチ

【ポイントへの行き方】
県道338号を進み、北新地のセブンイレブンがある交差点を北西（海側）に曲がり、県道322号へ入る。道なりに進むと大鞘川。Aは樋門橋手前。Bは対岸となる。

49 球磨川河口

八代市

球磨川河口全景

　熊本を代表する一級河川の一つで、釣り場としても一級のポイント。中でも河口域は魚種が豊富でルアーマンに人気があり、シーバスは全国的に知られている。季節問わずに楽しめる。

A　シーバスは広範囲に探る。チヌは際やかけ上がりを狙う

B　夏場はヒラが狙え、秋はハゼも面白い

八代エリア

ベイト豊富な特級ポイント

　川と海の小魚（ベイト）が混在することで、多くのフィッシュイーターが集まる。シーバスは80cmを超える、いわゆるランカーサイズがよく上がり、1mほどの超大型も期待できる。チヌも数が多く、チニングを楽しむ人も多い。50cmクラスが数多くおり、夏場には数釣りも楽しめる。冬場でも狙え、ワーム系で底をしつこく探るとアタックしてくる。

A　南側の護岸

　シーバスは、ベイト次第で広範囲に狙える。広く探ってみよう。基本的にはストラクチャー（構造物）周りに付いているので、潮位が下がった時に川の様子を眺めて狙うポイントを絞っておくといい。チヌは、夏場は岸寄りを回遊していることが多いため、際やかけ上がり周辺を探っていく。ヒラメやマゴチもいるので何がヒットするか分からない期待感がある。

B　北側の砂利

　目の前に小島が浮かび、流れも複雑でいろいろな魚が当たってくる。夏場にはヒラ（有明ターポン）が接岸することもあり、群れが大きい時は次々とルアーにアタックしてくる。シーバスやチヌは、季節を問わず狙えるので注目だ。周辺にはハゼも多く、ハゼクランクや小型のジグ、ワームで狙ってみると当たりを楽しめる。夏の終わりから始まり、10月あたりがハイシーズンとなる。

ターゲット

シーバス、チヌ、ヒラ、ヒラメ、マゴチ、ハゼ

【ポイントへの行き方】
国道3号の白鷺橋から芦北方面へ。八代工高の交差点を右折、植柳上町交差点を左折して県道42号へ入る。川沿いを道なりに進むと金剛橋。下流側の左右が球磨川河口域。

50 日奈久IC前

八代市

日奈久IC前全景

　南九州西回り自動車道日奈久ICの海側に広がる岸壁は、釣りやすくアクセスもいい穴場スポット。海面は常時落ち着いた雰囲気で、のんびりとルアーフィッシングを楽しめる。

A　護岸はとても広い

B　竿出しは満潮前後に限られる

海底は潟と砂交じり

　近くには大きな遊具が設置された芝生の広場があり、休日は多くの家族連れでにぎわう。トイレ、自販機などの設備や木陰もあるので、一日のんびりできるスポットだ。周辺は温泉街なので、釣り帰りに温泉に入ることもできる。

　釣り場の海底は潟と砂が交じり、キスが多く居着いている。小型のワームやメタルジグなどをちょい投げして底を探ると当たりを楽しめる。暖かい時季に活性が高い。

A　場外馬券場前

　一帯はフラットで、沖にかけてなだらかに深くなっていく。大遠投した先でも水深は5mほど。程よく釣りやすい。障害物は少なく基本的には根掛かりがないので安心してルアーをキャストできる。護岸の際にシーバスが居着いていることがあり、護岸に沿うように誘うと30～40cmがアタックしてくる。60cmを超える良型にも期待十分だ。ルアーはバイブレーションをメインにいろいろと試したい。

B　石積みの波止

　周辺はとても浅く、大潮時は潮が引くと水がなくなる。満潮前後の竿出しに限られるが、春～秋の長い期間キスが狙える。底をねちねちと探ると20cm前後がアタックしてくる。ヒラメも居着いており、バイブレーションやワインドで誘えば50cm超が飛び出すこともある。暖かい時季にはチヌやグチも期待大。ただし、エイもよく回遊しルアーに引っ掛かってくることもあるので要注意。

ターゲット

キス、シーバス、チヌ、ヒラメ、マゴチ、グチ

> 【ポイントへの行き方】
> 国道3号を南下して八代市街、日奈久温泉街を過ぎ、日奈久IC乗り場手前の信号を右折。100mほど進み、日奈久ドリームランド「シー・湯・遊」へ。直進して突き当たりを左折した先が釣り場。

51 二見川河口

八代市

二見川河口全景

　肥後二見駅のそばに流れ出る二見川は非常に浅く、川の中心付近でも満潮時で水深3mほど。川幅が狭くルアーのアピールがよく効き、魚がいれば果敢にアタックしてくる。反応が早いので、幅広くルアーを投げながら様子を見てみたい。

A　ハゼやキスが多く、フラットフィッシュも狙える

B　シーバスやチヌが狙えるポイント。チニングは夏が盛期

濁りを利用しヒットを狙う

　鉄橋の橋脚を境に、上流はかなり浅くてごろごろと石が転がっており、ルアーを投げるのは難しい。一方、下流は砂と潟が交じるような底質で障害物も極端に減る。竿を出すのは鉄橋から下流側となる。

　北西の風を直接受け、海面が荒れるとすぐに海水が濁る。しかし濁りはマイナスではなく、魚の警戒心が薄くなりかえってルアーへの反応が良くなることもある。ベイトは多種が混在しているので、ルアーの種類やサイズ、カラーなど多く用意しておくと安心だ。

A　二見漁港

　足場が良く、突端からは沖の深みを狙いやすい。ハゼやキスが多く居着いており、春から秋まで長く楽しめる。小型のメタルジグなどにキスもハゼもアタックしてきて、夏の終わりには混在してヒットしてくる。こうした小魚がいることでヒラメやマゴチなどのフィッシュイーターも居着き、いいサイズがヒットすることがあるので油断できない。

B　右岸のサーフ

　シーバスやチヌが狙え、ルアーをキャストする人をよく見かける。沖まで遠浅が続き、ウエーディングで腰まで浸かって広範囲に狙うのもいい。チヌは暑い時季には浅瀬を回遊するので、チニングで気軽に狙うことができる。当たってくるのはほとんどが40cm超。5匹以上キャッチできることもある。海面までが近いので、大型魚がヒットしても取り込みやすい。

ターゲット

シーバス、チヌ、マゴチ、ヒラメ、ハゼ、キス、グチ

【ポイントへの行き方】
国道3号を下り、日奈久ICを過ぎてさらに南下。県道254号を肥薩おれんじ鉄道の肥後二見駅方面へ道なりに進むと二見川。川岸を海方面へ向かうと河口。

52 松ケ崎のサーフ

芦北町

松ケ崎のサーフ全景

　広くてきれいなサーフで、優しい波が静かに寄せ、暖かい時季は家族の姿も見かける。駐車場から少し距離があるので、歩きながら海の状況を眺めて狙い所を絞っていく。

A　ソフトルアーで狙うキスゲームが面白い。フラットフィッシュも潜む

B　タチウオやチヌをはじめ、ロックフィッシュも狙える

県南エリア

シーバス狙いはベイトに合わせて

　潮位に関係なくいつでも竿を出すことができる。真冬の北西風には弱いが、それ以外は穏やかな釣り場。サーフを過ぎると波止があり、その先には磯が広がる、変化に富んだポイントだ。釣り物も多く、大きなシーバスを狙える場所でもある。シーバスは小魚（ベイト）が群れで接岸している時がチャンス。捕食している小魚に合わせたルアーセレクトで攻めていく。40～50cmが平均サイズの中、80cmクラスも飛び出す。

A　サーフ

　キス釣りが定番。ソフトルアーで狙うキスゲームが面白く、20cm級がアタックしてくる。通常のキス仕掛けにワームや虫系の疑似餌をセットし、投げ釣り同様ゆっくりと巻きながら誘うといい。食い気が高い時は次々とアタックしてくる。渋い時にどう食わせるかも面白さの一つだ。マゴチやヒラメも潜んでおり、大きめのワームやメタルジグ、バイブレーションなどで狙うとアタックしてくる。

B　波止

　朝まずめにタチウオが接岸することがある。ワインドで狙い、指3本幅が3、4匹期待できる。ただし時合が短いので、夜明け前からスタンバイしたい。浅瀬ではチニングも楽しめる。40cmクラスがアベレージサイズで50cmを超える大型もヒットしてくることがある。磯方向を狙うと根魚も多く、小型のガラカブが多いが、良型も交じる。30cm級のアコウもいるので、狙ってみる価値は十分にある。

ターゲット
シーバス、チヌ、ヒラメ、マゴチ、キス、タチウオ、ガラカブ、アコウ

【ポイントへの行き方】
国道3号沿いの肥後田浦駅の少し南から県道269号へ入り、踏切を渡って道なりに進む。

53 鶴木山港

芦北町

鶴木山港前景

　潮の流れは比較的緩やかで、釣りがしやすい鶴木山港。通年狙えるコウイカは秋から冬にかけて数が上がるようになり、夜釣りなら2桁釣果も望める。また、底物から回遊魚までルアーでいろいろと楽しめる。

A　シーバスは港内を狙い、チヌは消波ブロック周りの浅場を狙う

B　消波ブロック周りにはガラカブが居着き、コウイカは通年狙える

県南エリア

見える魚に期待膨らむ

　長波止に囲まれるような鶴木山港。港内は普段から波も立たず落ち着いた雰囲気。係留中の船の底や波止の際には通年シーバスが居着いている。シーバスは泳いでいる姿がはっきりと見え、30㎝ほどのセイゴサイズから60㎝を超えるような良型もいる。ルアーで誘っても反応がないことが多いが、潮やベイトなどの条件がそろい、スイッチが入った時には果敢にルアーを追ってくる。チヌも消波ブロック付近や波止際を泳ぐシーンが見られ、ルアーロッド片手に期待は膨らむ。

A　長波止

　シーバスは港内、チヌは消波ブロック周りの浅場がポイント。ルアーは小魚に合わせた7㎝ほどのミノーなどを中心に狙う。外向きではメタルジグやバイブレーション、ワームなどで底物も狙え、ヒラメ、マゴチ、アコウ、ガラカブが楽しめる。どれもサイズがよく、ヒラメは50㎝を超えるものも。海底に障害物は少ないので、しっかりと底から狙いたい。

B　短波止

　消波ブロック周りにはガラカブが居着き、ジグヘッドとワームの組み合わせで周辺を探ったり、隙間に落とし込むと当たりを楽しめる。魚影はとても濃く、中には20㎝を超える良型も。通年狙えるコウイカは、3号のエギに少しオモリを足し、底をぞろ引くように誘う。コロッケサイズが平均で、夜は300gを超えるものも交じり2桁を期待できる。

ターゲット

シーバス、チヌ、ガラカブ、アコウ、タチウオ、ヒラメ、マゴチ、コウイカ、ミズイカ

【ポイントへの行き方】
国道3号の芦北町役場前交差点から県道56号水俣田浦線に入る。佐敷港を経て御番所の鼻を曲がると鶴木山港。

54 三ツ島海水浴場横

津奈木町

三ツ島海水浴場横全景

　三ツ島海水浴場に並ぶ磯で、根魚やチニングの好ポイント。潮が引くと磯が姿を見せ、竿が出せる場所を広々と確保できる。潮の流れが良く、沈み瀬も多いので、多彩な魚が狙える。

A　先に見える瀬周りも狙い目

B　しっかりと流れが効いている

県南エリア

根に着く魚が豊富

　福浦湾の入り口に位置する岬にあり、流れがしっかりと効いている。ただ、北西の風を直接受ける立地で、冬場は波をカブる恐れも。また、濡れた磯は滑りやすいので、磯靴やライフジャケットなどの装備はしっかり整えて挑みたい。シーバスの接岸は通年見られ、70cmを超える大型がアタックしてくることも。沖にかけて沈み瀬があるので、ラインブレイクには要注意。

A　東側

　目前にいくつかの沈み瀬が見られ、干潮時に姿を現す。その周辺にはガラカブが多く居着き、たくさんの当たりを楽しめる。平均は15cm前後の小型。たまに20cm級がヒットしてくるほか、25cm超のアコウがアタックしてくることも。小型のジグヘッドにワームをセットし、ちょい投げして底を叩くように誘いを入れるといい。ジグヘッドはできるだけ軽めの方が根掛かりしにくい。

B　西側

　奥はワンドになっており、チニングでの実績がある。チヌは40cm超がほとんどで、たまに50cmほどの大型もヒットする。夏に最盛期を迎えるが、冬でも甲殻類系のワームで底を誘うと釣れる可能性はある。ベイト次第ではシーバスも寄り、強い引きを楽しませてくれる。沖は、砂と砂利交じりでマゴチやヒラメなども居着く。マダイの回遊も見られる。

ターゲット

ガラカブ、アコウ、チヌ、シーバス、マゴチ、ヒラメ、マダイ、エソ、ミズイカ、コウイカ

【ポイントへの行き方】
芦北町役場から芦北大橋を渡り、道なりに進んで突き当たりを右折（県道56号水俣田浦線へ）。三ツ島トンネルを抜け、福浦公民館を右折して3分ほど走った所にある三ツ島海水浴場の奥。

55 帆柱崎

津奈木町

帆柱崎全景

　合串漁港の北に位置し、西側に突き出た岬の先端。ポイントまでは車を置いて樹林の中を歩く。どの方向からの風も当たるので、釣行の際は天気を確認するようにしたい。

A　足元でガラカブが狙える。夏はアコウ、冬にはメバルも

B　ガシリング、エギング、チニングなど楽しめる消波ブロック周り

県南エリア

根魚とイカの好ポイント

　ガラカブが多く釣れる。ワームで狙うとうまくいけば1投1匹が楽しめるほど。エギンガーにも人気が高く、秋～冬は300g以上のミズイカが多くヒットすることもある。岬手前のワンドには消波ブロックがあり、潮位が下がると広く現われる。周辺に駐車できるスペースがある。
　岬周辺はしっかりと流れが効いているので、いかにも何か釣れそうな雰囲気。小さな岬からは想像がつかないほど魚影が濃く、ベイトによってはヤズなどの青物が回遊してくることもある。エギングはどこからでもよく、消波ブロックから岬まで歩きながら広い範囲で狙う人が多い。

A　岬周辺

　潮位によって磯の様子がずいぶんと変わり、干潮時には樹林の北側で広く竿を出せるようになる。沖にかけて少しずつ深くなっているので、重めのルアーでしっかりと沈めて広い層を狙える。足元にはガラカブが多く、2in前後のワームで底を探ると頻繁に当たってくる。小型がほとんどだが、20cm超の良型が当たってくることも。夏にはアコウ、冬にはメバルも狙える。

B　消波ブロック周り

　消波ブロックの隙間にガラカブが数多く居着き、ワームで誘うとすぐに当たりがある。1匹釣れた場所で連発することも多く、先にちょい投げしても当たってくる。エギングも場所を選ばず楽しめ、春にはキロ級が上がることも。夏場はチニングもよく見かけ、チヌを狙っていると60cmほどのシーバスがヒットしてくることもある。

ターゲット

ミズイカ、コウイカ、シーバス、メバル、チヌ、ガラカブ、ヤズ

【ポイントへの行き方】
女島（芦北町）を経て県道56号水俣田浦線を進む。途中「三ツ島海水浴場」を示す道路標識から鋭角に右折して下ると合串漁港。海岸線を道なりに進めば、帆柱崎の突き出た地磯が見える。

56 小島鼻

津奈木町

小島鼻全景

合串漁港の湾口にある小島鼻。沖にかけて深いが、流れは比較的穏やかで釣りがしやすい。どの時季でもエギンガーを見かけるほど人気の場所だ。

A　エギングは通年OK。浅瀬ではチニングが面白い

B　シーバスやマダイ、ヒラメが狙える

県南エリア 56

トップウォーターでのバトルが面白い

　小島鼻は狭いが、波止や磯周りにすぐ移動でき、各方向を狙える。磯は滑りやすいので干潮時には特に注意が必要。磯靴など安全対策はしっかり取りたい。夏場にはチヌが浅瀬を泳ぐシーンも見られ、トップウォータープラグを投げて反応を見るのも面白い。食い気が高い時はルアーに果敢にアタックしてくる。ベイト次第だが、60〜70cmの大きいシーバスが接岸することもある。

A　磯

　潮が引くと姿を現し、磯に立って竿を振ることができる。季節に関係なくエギングが人気で、2kg近い大型のミズイカが上がることもある。コウイカもいるので、底〜中層を念入りに探ってみよう。浅瀬にはチヌが回遊。暖かい時季のチニングが面白い。40cm前後がアベレージサイズで、50cmを超える特大級にも期待が持てる。

B　赤灯台の波止

　足元からすとんと落ち込んでいて深さがある。大型のシーバスをはじめマダイやヒラメがヒットすることもある。マダイは60cmクラスも回ってくるので、強めの仕掛けで挑みたい。ただし、養殖棚の近くに投げるのは避けること。また、エソも多く、1投ごとに当たりを楽しませてくれることもある。ベイト次第だが、50〜60cmのヤズが接岸することもある。

ターゲット
ミズイカ、コウイカ、シーバス、チヌ、マダイ、ヒラメ、エソ、ヤズ、ガラカブ

【ポイントへの行き方】
女島（芦北町）を経て県道56号水俣田浦線を進む。途中にある「三ツ島海水浴場」方面への道路標識から右折。合串漁港を抜け突き出た場所。

57 平国漁港

津奈木町

平国漁港全景

　津奈木町の平国漁港は餌釣りのイメージが強いが、実はルアーで狙えるターゲットが多い。居着いているスズキや、大型マダイが回遊してくることもある。港は広く釣り座をゆったりと確保できるのもいい。

A　足元にはスズキが居着いている

B　ワームを足元に落とすとガラカブ釣りが楽しめる

県南エリア

ルアーの使い分けで攻略

　波止の付け根から深く、沖に向かってスロープ状にさらに深くなっていく。南北に岬があることで複雑な潮の流れも発生するため魚種は豊富だ。深みを狙う時はメタルジグが定番。波止の際や浅瀬はミノーや小型のバイブレーションなどを使う。アジゴやイワシゴなどの小魚が群れで回遊することが多く、それらを捕食するマダイやヒラメ、スズキやマゴチなど、どれも大型が居着いている。水深や流れを攻略することと、魚のスイッチがオンになるルアーを選択することがカギ。種類は豊富に持ち合わせておきたい。

A　長波止

　足元にはスズキが居着いており、小魚を追って泳ぐシーンをよく見かける。その時に捕食している小魚に合わせたルアーサイズで狙ってみると好反応を見せる。港内では、コウイカやミズイカも狙え、3.5号のエギをメインに狙うとよい。波止外向きの沖狙いでは60㎝クラスのマダイの実績もあり、同サイズのヒラメも居着いている。

B　東波止

　ワームを足元に落とすとガラカブ釣りが楽しめる。15㎝ほどの小型が多いが、たまに20㎝を超えるような良型も。また、30㎝ほどのアコウ（キジハタ）も当たってくる。メタルジグで沖を狙うとグチやマゴチが好反応を見せる。ただ、エソに苦戦させられることもある。長波止と比べると比較的流れは穏やかで、釣り自体はとてもしやすい。

ターゲット

マダイ、スズキ、チヌ、ヒラメ、マゴチ、グチ、アジ、コウイカ、ミズイカ、モンゴウイカ

【ポイントへの行き方】
国道3号の芦北町役場前から県道56号水俣田浦線に入り、左折して芦北大橋を経て山越え。下りになると平国漁港が見える。

58 福浜漁港

津奈木町

福浜漁港全景

　山に囲まれた港で、風で荒れることも少なく安心して竿を出せる。安定した釣果が見込めるのはガラカブだが、潮通しが良くベイトも群れることから、大型魚の回遊も期待十分だ。

A　ガラカブは足元から沖め。ミズイカも通年狙える

B　外向きにエギを投げるとミズイカ、内向きを狙うとコウイカがよく釣れる

県南エリア

ガラカブは時季問わず

　消波ブロック周りに居着いているガラカブは、時季を問わず狙える。15㎝に満たないものが多いが、たまに20㎝ほどの良型が出ることも。ジグヘッドにワームをセットして消波ブロックの隙間を探るのが基本だが、海底にはゴロタ石が広がっているのでちょい投げで探っても面白い。波止の際でも当たりがあるので、歩きながらサイズを求めるのもいいだろう。アコウがヒットすることもあり、30㎝を超えるような良型が引きを楽しませてくれる。

A　西波止

　ガラカブは足元から沖めまで、ワームやメタルジグなどで底を探る。ミズイカも通年狙え、波止付け根の消波ブロック周りを探っているエギンガーが多い。春にはキロ級が出ることもある。波止突端ではヒラメ、マゴチ、スズキ、サゴシなども狙えるが、ベイトの回遊次第で当たり外れは大きい。思わぬサイズに備え、ランディングネットは準備しておきたい。

B　南波止

　西波止に比べて潮流は穏やかで、軽いジグヘッドやメタルジグでもしっかりと底を取れて釣りやすい。22㎝ほどのメッキアジが群れで入ってくることもあり、小型のジグなどに反応してくる。波止際にはスズキが居着き、30㎝ほどのセイゴサイズが多い中、60㎝超も期待できる。外向きにエギングをするとミズイカ、内向きを狙うとコウイカが釣れる。

ターゲット

ガラカブ、ミズイカ、コウイカ、ヒラメ、マゴチ、サゴシ、エソ、メッキアジ、スズキ

【ポイントへの行き方】
国道3号の芦北町役場前から県道56号水俣田浦線に入り、芦北大橋を渡る。道なりに進み平国漁港を通り過ぎた最初の漁港。

59 明神港

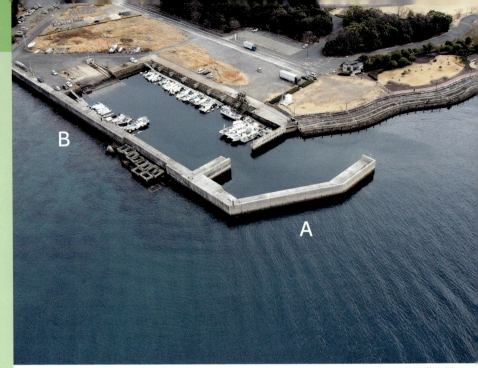

明神港全景

目の前に恋路島が浮かび、その先には天草や長島が望めるロケーション。広い海に囲まれるような感覚で竿を出せるのが明神港だ。大潮回りは潮の流れが非常に速いので、小潮など潮が緩むタイミングがお勧めだ。

水俣市

A　ガラカブは季節関係なく狙え、寒い時季にはメバルも釣れる

B　ミズイカが群れで接岸していることもある。夏場のチニングもいい

県南エリア

イカ2kgクラスの実績

　天候次第ではどの方向からも風が当たるので釣りづらい時もある。潮の流れが速い時でも立ち位置次第で流れに強弱があるので、竿を出しやすいポイントを見つけるとよい。定番のエギングは通年楽しめ、春には2kgクラスの実績も高い。ミズイカは港内に入ってくることもあれば、波止の付け根に広がる地磯周りに寄り付くこともある。気になる場所を探ってみることが大事だ。

A　波止屈折部

　足元にはガラカブが多く居着いており、ジグヘッドにワームをセットして探ると数釣りが楽しめる。ガラカブは季節に関係なく狙え、釣り方も簡単なのでルアーフィッシングの入門にもってこい。波止際にはメバルも居着くので、寒い時季にメバリングが楽しめる。中には20cmを超える良型も。他にも30〜40cmのセイゴ、さらに沖目を狙うとエソの当たりも楽しめる。

B　波止付け根止

　波止付け根周りには地磯が広がり、エギンガーはまずここから狙う。ミズイカが群れで接岸していることもあり、タイミングがよければ2〜3杯続けてヒットすることも。反応がなければ狙いを少しずつ深くし、最終的には波止屈折部辺りを攻める。磯周りでは夏場のチニングもよく、40cmクラスがヒットしてくる。チニングは表層系のルアーをキャストしている人をよく見かける。

ターゲット

ミズイカ、ガラカブ、メバル、セイゴ、チヌ、エソ、アジ

> 【ポイントへの行き方】
> 国道3号のJR水俣駅前を過ぎて約1km。右折して広大なエコパーク水俣に入る。親水護岸の北側が明神港。

60 柳崎

水俣市

柳崎全景

　鹿児島との県境そばにある地磯。湯堂漁港の西に位置し、流れもよく、さまざまな魚が回遊してくる。

A　夏場はチヌがとても多く、ルアーを引くと後ろから群れで付いてくるシーンも

B　チヌ狙いに、シーバスやフラットフィッシュがヒットする

県南エリア

チニングでの良型に定評

　満潮時は釣り座が限られるが、干潮時には広い磯が現われ、歩きながら至る所で竿を出せる。大きな船が通ると波をかぶるので、落ち着くまで高い所で待つ。

A　突端付近

　潮通しがよく、チニングでは必ず狙ってみたいポイント。夏場はチヌが多く、ルアーを引くと後ろから群れで付いてくるシーンが見られることもある。ルアーはトップウオータープラグをメインに使い、様子を見ながら少しレンジを入れるようなルアーも選択していく。ウエーダーを履き、膝まで浸かって釣りをすると夏場でも涼みながら楽しむことができる。また、魚も取り込みやすくなる。

B　ワンド側

　ベイト次第だがシーバスが居着いていることもある。40〜60㎝がよく釣れるサイズで、まれに80㎝を超える大型もアタックしてくる。油断は禁物だ。ただ、シーバスをメインに狙って釣れるというより、チニングをしているとシーバスがアタックしてくることが多いようだ。先の方は砂地が広がっており、ヒラメやマゴチも狙える。良型のコウイカやミズイカも接岸するので、いろいろと狙えるように準備をしておきたい。

ターゲット

チヌ、シーバス、コウイカ、ミズイカ、マゴチ、ヒラメ、ガラカブ

【ポイントへの行き方】
南九州自動車道芦北ICから県道27号、国道3号で出水方面へ。水俣市街の先、新栄合板工場のある交差点で右折して約2km。芦北ICからは約30km。「グリーンスポーツみなまた」を抜け、散歩道を10分ほど歩く。

ショアで使うソルトルアー

　ルアーと一言でいっても様々な種類のルアーがあり、どれを選んだらいいのか悩む人も多いのではないだろうか。ルアーフィッシング入門者にショア（陸）で使用するソルトルアー（海用ルアー）を紹介する。

【ソルトルアーとは】

　海水は淡水に比べ浮力が高いため、淡水用より比重が大きい素材で作られている。また塩分により錆が発生しやすいため、金属部分には錆に強い素材が使用されている。

　用途やターゲットに合わせて多くの種類があるが、大きく分類すると、金属や鉛、プラスチックなど固い素材で作られている「ハードルアー」と、樹脂やゴムなどで作られた柔らかい「ソフトルアー」がある。また、エギのようにイカだけにターゲットを絞った魚種専用のものもある。

トップウォーター

　水面や水面直下で魚を誘うルアー。沈まない素材が使われているので表層だけにレンジを絞って攻めることができる。ルアーを追ってバイトする瞬間を見ることができるのもエキサイティングだ。

〈ポッパー〉

　先端（頭部）にカップ状のくぼみがあるのが特徴。アクションによりポップ音と水しぶきを発生させる。この効果で魚の捕食意欲を刺激する。大小様々な肉食魚を狙うことができる。

ソルティポップ

〈ペンシルベイト〉

　定番のトップウォーター用ルアー。小魚に似せたデザインでボディーは直線的なラインとなっている。アクションを加えながらリトリーブ（巻く）ことで、水面を泳ぐ小魚の動きを演出する。

モアザン　ソルトペンシル−Ｆ

シンキングペンシル

　ペンシルベイトと同じ形状だが、ゆっくりと沈むのが特徴。遠投性も比較的高く、アクション次第で様々な演出が可能。浅いレンジからボトムまで幅広く探ることができる。

〈シンキングペンシル〉

オーバードライブ

ミノー

　小魚のような形状とデザインが特徴。リップ（口ばしのような板）付きとリップなしに分けられる。素材の比重によって、浮くフローティングの「F」、水中で止まるサスペンドの「SP」、沈むシンキング「S」の3タイプがある。ただ巻きでもアクションを加えても幅広く魚を誘うことができる。

〈リップ付きミノー〉
　リトリーブやアクションにより、リップと先端部分に抵抗が生じ小魚が泳ぐようなアクションをする。幅広いフィールド、魚種に対応できる。

モアザン ベイソールミノー

〈リップレスミノー〉
　リップが付いていないミノー。先端に設けられた角度がリップの役割を果たし、小魚が泳ぐような動きをして魚を誘う。リップ付きと比較して遠投性が向上するのが特徴。

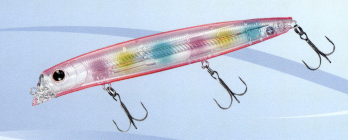

モアザン クロスカウンター

バイブレーション

　ラインアイが背中の部分に付いている。リトリーブ時に受ける流れで小刻みにボディーが振動する。水中で止まるサスペンドの「SP」、沈むシンキング「S」の2タイプがある。比較的大きなボディーで重さもあるため、遠投性に優れ広範囲を探れる。プラスチックなどの樹脂タイプと、より飛距離が稼げ沈みが速いメタル（金属・鉛製）に分けられる。

モアザン ソルトバイブ

〈メタルバイブレーション〉

SWバイブジグメタル

メタルジグ

　鉛や鉄、タングステンなどの比重の大きい素材で製造されている。形状はロングとショートがあるが基本棒状。「フロント重心」「センター重心」「リア重心」に分類され、フォールの姿勢などが変わってくる。狙えるターゲットは底物から青物まで幅広い。

サムライジグ R TG

スプーン

　ルアー発祥の元祖ともいわれる。メタルジグと比較すると飛距離は出にくいが、フォールではゆっくりと落ちていくので魚へのアピール力が高い。リトリーブ時には独特の動きをして魚を誘う。カマス、アジ、メバルはもちろんボトムでは底物もターゲットとなる。

クルセイダー 激アツソルト

ワーム

　肉食魚が捕食する生き物に似せて、柔らかい樹脂で作られたソフトルアー。水流を受けることで自然な動きを演出する。ジグヘッドなどにセットして使用する。耐久性が低く飛距離を稼げないのが難点だが、魚のヒット率は高い。ライトゲーム用、ロックフィッシュ用、チニング用、ワインド（タチウオ）用などの種類がある。

〈ライトゲーム用〉　　〈ロックフィッシュ用〉

　　Wriggle Shad　　　　Short Cut Grub

〈チニング用〉　　〈ワインド（タチウオ）用〉

　　Creeper Bug　　　Spark Slim WIND starter set

ジグヘッド

ワームを使用した釣りにはジグヘッドというオモリが針と一体化しているアイテムが必須。ライトゲーム用は0.3 g〜10gほど。ワインドは7〜17g前後となる。

〈ライトゲーム用〉

Nanban HEAD

A.W. LOCK HEAD

〈ワインド（タチウオ用）〉

Spark Slim HEAD

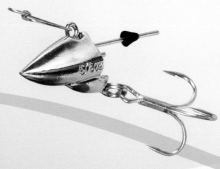

Spark HEAD

エギ

　イカをターゲットにした専門のルアー。エビに似せたボディーで尻尾部分に針（カンナ）が付いている。キャストして着底させたらシャクリなどのアクションを付けてイカを誘う。針には返しがないため、ヒットしたらしっかり合わせテンションを保ったまま巻き上げる。

エメラルダス　ピーク

素材提供 / グローブライド株式会社　株式会社コーモランプロダクト
監修 / ポットベリー

INDEX（五十音順）

よみ　場所　地区　掲載順　ページ と表記しています。

あ

よみ	場所	地区	掲載順	ページ
あかさきこう	赤崎港	天草市有明町	37	78
あまつけのがんぺき	天附の岸壁	天草市牛深町	46	96
いのこだぎょこう	猪子田漁港	天草市栖本町	32	68
えびすびーち	えびすビーチ	天草市倉岳町	31	66
おおうらこう	大浦港	天草市有明町	35	74
おおたおぎょこう	大田尾漁港	宇城市三角町	4	12
おおたおぎょこう	大多尾漁港	天草市新和町	40	84
おおどうこう	大道港	上天草市龍ケ岳町	27	58
おおみやじがわこう	大宮地川河口	天草市新和町	39	82
おざやがわこう	大鞘川河口	八代市	48	100
おにいけこう	鬼池港	天草市五和町	42	88

か

よみ	場所	地区	掲載順	ページ
かづらざきのこみなと	葛崎の小港	上天草市龍ケ岳町	29	62
かろじろのはと	唐網代の波止	上天草市龍ケ岳町	28	60
きくちがわこう	菊池川河口	玉名市	1	6
くぐしまのじいそ	椚島の地磯	上天草市龍ケ岳町	22	48
くしのわんど	串のワンド	上天草市大矢野町	8	20
くまがわこう	球磨川河口	八代市	49	102
ぐらうんどしたのこみなと	グラウンド下の小港	上天草市龍ケ岳町	20	44
くらえがわこう	倉江川（教良木川）河口	上天草市松島町	13	30
こうのうらぎょこう	郡浦漁港	宇城市三角町	7	18
こじまこうえん	小島公園	上天草市姫戸町	17	38
こしまごのこみなと	小島子の小港	天草市有明町	38	80
こじまばな	小島鼻	津奈木町	56	116
こちどまるはくち	東風留泊地	上天草市龍ケ岳町	19	42
こめぶちのこみなと	米淵の小港	天草市牛深町	47	98
こやがわちぎょこう	小屋河内漁港	上天草市龍ケ岳町	26	56

さ

よみ	場所	地区	掲載順	ページ
しおやぎょこう	塩屋漁港	熊本市西区	2	8
しきぎょこう	志岐漁港	苓北町	45	94
しもおけがわぎょこう	下桶川漁港	上天草市龍ケ岳町	25	54
しらとぎょこう	白戸漁港	天草市栖本町	34	72

134

しんすいりょくちひろば	親水緑地広場	熊本市西区	3	10
すじぎょこう・じいそ	須子漁港・地磯	天草市有明町	36	76
すもとぎょこう	栖本漁港	天草市栖本町	33	70
そとひらかいがん	外平海岸	上天草市龍ケ岳町	24	52
た たなそここう	棚底港	天草市倉岳町	30	64
つうじにしはと	通詞西波止	天草市五和町	44	92
つるぎやまこう	鶴木山港	芦北町	53	110
とうせんじま	唐船島	上天草市大矢野町	9	22
な ながめこう	永目港	上天草市姫戸町	16	36
のがまぎょこう	野釜漁港	上天草市大矢野町	10	24
は ひあいぎょこうしんこうよこ	樋合漁港新港横	上天草市松島町	12	28
ひなぐいんたーちぇんじまえ	日奈久ＩＣ前	八代市	50	104
ひのしまこう	樋島港	上天草市龍ケ岳町	23	50
ひめどこうえんした	姫戸公園下	上天草市姫戸町	18	40
ひらくにぎょこう	平国漁港	津奈木町	57	118
ふくはまぎょこう	福浜漁港	津奈木町	58	120
ふたみがわかこう	二見川河口	八代市	51	106
ほばしらざき	帆柱崎	津奈木町	55	114
ま まつがさきのさーふ	松ケ崎のサーフ	芦北町	52	108
みすみにしこう	三角西港	宇城市三角町	5	14
みつしまかいすいよくじょうよこ	三ツ島海水浴場横	津奈木町	54	112
みやじうらわん	宮地浦湾	天草市新和町	41	86
みやづぎょこう	宮津漁港	天草市五和町	43	90
みょうじんこう	明神港	水俣市	59	122
むたぎょこうきたのじいそ	牟田漁港北の地磯	上天草市姫戸町	14	32
むたとんねるよこ	牟田トンネル横	上天草市姫戸町	15	34
や やぎゅうじまのじいそ	野牛島の地磯	上天草市大矢野町	11	26
やなぎざき	柳崎	水俣市	60	124
わ わかみやかいすいよくじょうよこ	若宮海水浴場横	宇城市三角町	6	16
わだのはな	和田の鼻	上天草市龍ケ岳町	21	46

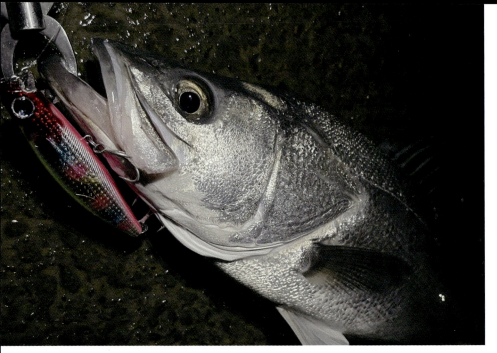

編集スタッフ　　和田史郎、内川卓也、佐美三浩一
ブックデザイン　久保田かおり、井手奈津美、西畑美希
写真協力　　　　高橋直樹

発行日	2025年1月20日　初版第1刷発行
発　行	熊本日日新聞社
編　集	熊日釣りタイム編集室
発　売	熊日出版
	熊日サービス開発(株) 出版部
	〒860-0827　熊本市中央区世安1-5-1
	☎ 096-361-3275
印　刷	株式会社城野印刷所

© 熊日サービス開発 2025 Printed in Japan
◎本書の記事、写真の無断転載は固くお断りします。
ISBN978-4-87755-669-3